Research on Regional Economic
Integration in Northeast China

东北区域经济一体化研究

■曹洪滔　张超　著

北方联合出版传媒(集团)股份有限公司

万卷出版公司

ⓒ 曹洪滔 张超 2021

图书在版编目（CIP）数据

东北区域经济一体化研究 / 曹洪滔, 张超著. 一沈
阳：万卷出版公司，2021.10
ISBN 978-7-5470-5713-1

Ⅰ．①东… Ⅱ．①曹…②张… Ⅲ．①区域经济一体
化－研究－东北地区 Ⅳ．① F127.3

中国版本图书馆 CIP 数据核字（2021）第 166992 号

出 品 人：王维良
出版发行：北方联合出版传媒（集团）股份有限公司
　　　　　万卷出版公司
　　　　　（地址：沈阳市和平区十一纬路 25 号 邮编：110003）
印 刷 者：辽宁新华印务有限公司
经 销 者：全国新华书店
幅面尺寸：170mm×240mm
字　　数：200 千字
印　　张：13.5
出版时间：2021 年 10 月第 1 版
印刷时间：2021 年 10 月第 1 次印刷
责任编辑：胡　利
责任校对：高　辉
装帧设计：徐瑷婕
ISBN 978-7-5470-5713-1
定　　价：69.00 元
联系电话：024-23284090
邮购热线：024-23284448

‖ 前 言 ‖

　　随着经济全球化和信息化进程的加快，城市之间的竞争不再仅仅表现为单个城市的竞争，而是越来越表现为以核心城市为中心的都市圈城市群的竞争。以大城市为核心的都市圈城市群已经成为一种具有全球性意义的城市区域发展模式和空间组合模式，都市圈城市群只有团结协作，才能有足够的产业集聚和经济规模参与全国乃至全球性的竞争，才能形成强强联合的经济共同体和命运共同体以应对全球化的挑战。为此，要加强城市之间的联合与互动，形成以中心城市为核心、若干个功能性质互补，经济上相互依存、社会发展趋同的城市网络群体。2006年《中华人民共和国国民经济和社会发展第十一个五年规划纲要》明确提出，"要把城市群作为推进城镇化的主体形态"，标志着城市群发展道路首次进入国家战略框架。2012年十八大报告指出，继续实施区域发展总体战略，科学规划城市群规模和布局。2013年中央城镇化工作会议提出，要"把城市群作为主体形态，促进大中小城市和小城镇合理分工、功能互补、协同发展"。2014年，《国家新型城镇化规划（2014—2020年）》提出，要"优化提升东部地区城市群"，"培育发展中西部地区城市群"，"建立城市群发展协调机制"。2017年十九大提出了"以城市群为主体构建大中小城市和小城镇协调发展的城镇格局"的战略要求。

东北地区作为我国重要的老工业基地,新中国成立之初,经历了发展的辉煌,然而随着计划经济的弊端显现,逐渐失去了发展优势,出现了经济增速停滞、衰退的现象。为了加速东北地区经济的发展,并将其打造成为继长三角、珠三角、京津冀之后的第四个特大型国家级城市群,十八届五中全会通过的"十三五"规划建议中首次提出"东北地区城市群"。2018年9月,习近平总书记到东北三省考察并主持召开深入推进东北振兴座谈会时发表重要讲话,给东北地区都市圈城市群带来重要的发展机遇。经过长期努力,东北地区获批了一个国家级区域发展试验区——沈阳经济区,两个国家二级城市群——哈长城市群、辽中南城市群,两个区域发展战略——辽宁沿海经济带、长吉图区域发展战略。随着新一轮东北振兴规划的开始,东北东部经济带、吉林中部城市群、哈尔滨都市圈等新格局也逐渐浮出水面。但是与长三角、珠三角、京津冀等国内发展较好的都市圈城市群相比,东北地区都市圈城市群发展较为缓慢,存在着中心城市建设和城市群经济发展明显滞后、区域经济联系程度低、区域产业同构和同质竞争等问题,严重阻碍了东北地区资源要素跨区域自由流动,进而对东北地区整体的振兴形势造成不利影响。为此,在深入考察分析东北地区都市圈城市群的经济发展水平、经济区位度、空间开放状态、产业结构的基础上,进一步制定东北地区都市圈城市群协同发展规划,加强产业布局、开放开发、基础设施建设、环境保护等方面协调,对于破解新时期区域发展不平衡、优化生产力布局和空间结构,打造我国新的增长极,尤其是推动东北地区全面全方位振兴具有重大而深远的战略意义。

城市群协同发展就是要构建城市间的共生发展模式,促进一定区域内,不同规模等级、不同功能性质的城市有机共生,既保持单体城市的多样性和独立性,又构成竞合并存、互惠发展的有机整体,形成稳定有序的发展体系。东北地区都市圈城市群协同发展涉及政治体制、经济发展、基础设施、生态环保等诸多方面,这就要求把协同作为基本准则,在立足各自比较优势、现代产业分工要求、区域优势互补原则、合作共赢理念求协同中，优化区域分工和产业布局，统筹规划资源要素空间。本书基于系统论、协同论、耗散结构论相关理论和方法，在研究借鉴长三角城市群、珠三角城市群、京津冀城市群协同发展经验的基础上，从经济学和唯物史观视角深入阐释都市圈城市群发展的内在机理与逻辑，并通过对沈阳经济区、哈长城市群、辽中南城市群、长吉图城市群等发展状况的分析与研判，总结当前东北地区都市圈城市群发展取得的成就及存在的问题，进而从规划协同、建设协同到产业协同、功能协同、创新协同、治理协同等方面探索消除阻碍东北地区都市圈城市群发展的体制机制弊端。本书主要包含五部分内容：

第一，介绍都市圈城市群协同发展的理论框架，系统梳理了核心—边缘理论、循环积累因果论、可持续发展理论、城市金字塔等区域协同发展的主要理论，为东北地区都市圈城市群协同发展框架的搭建奠定理论基础。从系统学的角度把东北地区都市圈城市群发展作为由许多发展子系统和要素组成的开放的有机整体，将区域内协同发展视为若干行政单位组成的自然区域内，由经济、产业、人口、城市、环境等构成的区域整体系统由低级有序向高级有序演进的过程。

第二，阐述了东北地区都市圈城市群发展的现状。目前，东北地区都市圈城市群正处于初步成长阶段，形成了哈长城市群、辽中南城市群、辽宁沿海经济带、吉林中部城市群、沈阳经济区、哈尔滨都市圈，形成区域内错位竞争、协同发展的格局。本书系统梳理了东北地区都市圈城市群的发展状况，对其中存在的问题和导致问题的原因进行深入剖析，并以此作为东北地区都市圈城市群协同发展的重要抓手。

第三，对东北地区都市圈城市群空间开发与产业布局展开研究。以东北地区都市圈城市群空间开发与产业布局研究作为研究对象，运用城市首位度、城市规模分布、基尼系数、城市位序—规模律、城市金字塔等理论方法对东北地区都市圈城市群人口空间结构、城市规模分布的现状及演变特征进行深入分析，为制定合理的城市体系发展对策、促进城市体系规模结构优化以及更好地加强城市群内各城市之间的分工协作提供数据支撑。东北地区都市圈城市群应统筹交通、空间、产业三大要素，强化交通衔接，构建多式联运、内捷外畅的立体交通网络体系；优化城市的产业布局，延伸产业链条，促进产业上下游之间的高效合作，从而实现交通、产业和空间的协同发展。

第四，介绍域外都市圈城市群建设的经验、规律及启示。在中国改革开放和社会主义市场经济发展的过程中，珠三角、长三角和京津冀三大都市圈城市群以协同发展为抓手，通过发展规划的不断完善、基础设施的互联互通、生态环境的联防联治等逐渐崛起，成为中国经济发展的领头羊和经济增长的风向标。这三大都市圈城市群建设的经验和协同发展的经验、规律对于东北地区都市圈城市群的规划与发展提供了借鉴与启发，对于提高城市群内经济集聚度、区域连接性和政策协同效率，尤其是东北地区全面振兴、全方位振兴具有重大而深远的战略意义。

第五，阐释了东北地区都市圈城市群协同发展的战略选择。结合东北地区都市圈城市群的中心城市功能亟待强化、群内产业结构雷同、要素配置不够合理、资源型城市的转型进展缓慢、区域协同治理不到位、生态环境堪忧等问题，从优化生产力布局和空间结构，健全立体化综合交通网络、人才培育模式和生态发展模式等方面来分析东北地区都市圈城市群协同发展的对策。东北地区都市圈城市群应创新治理模式，推动建立东北地区协同发展协调机构；协同规划，谋划布局核心突出、层次分明的都市圈、城市群体系；明确功能定位，构建各个城市群错位发展、功能互补的产业结构体系；优化区域功能，实现全方位协同发展；推动创新协同，构建东北地区创新体系；同向发力，协同创设都市圈、城市群建设软环境，将东北城市群建设成为全国具有重要影响力的城市群，支撑和引领东北地区全面振兴战略的实施与推进。

┃目　录┃

第二章

东北区域经济一体化的基础

第三章

国内区域经济一体化建设的经验

第四章
国外区域经济一体化建设的经验

第五章

加速构建东北区域规划一体化的战略蓝图

第六章

交通一体化是东北区域经济一体化的基本保障

第七章
创新一体化是东北区域经济一体化的根本动力

第八章

产业一体化是东北区域经济一体化的根本抓手

|第一章|

区域经济一体化的理论基础与时代背景

经济全球化和区域经济一体化是 20 世纪末以来最具活力的经济现象，也是塑造当今世界经济格局的重要力量。经济全球化在不断冲破商品和生产要素流动的地域和国界障碍、促进金融国际化和跨国公司生产销售一体化、加强世界经济整体性的同时，也在缩小区域经济发展差距、加强区域之间的联系和依存度、促进地区经济协调发展等方面发挥着重要作用。在这个经济高度信息化和全球化的时期，区域经济一体化显得更为重要。区域经济一体化是推动区域协调发展的必然要求，能为区域内产业链、供应链和价值链的稳定及整合升级创造有利条件，提供不可或缺的交通网络等硬件条件以及统一跨区域自由贸易和交往的市场等软件条件。

一、东北区域经济一体化的理论基础

区域经济一体化成为全世界经济发展不可逆转的时代潮流和趋势，推动着世界经济体系形成一个整体。面对日益激烈的国际竞争，推动经济区、经济带、都市圈、城市群协同发展是我国新时代经济发展的重大战略选择。东北区域经济一体化发展建设，其作用不仅在于促进东北地区的良好发展，而且对周边城市的经济发展也有着重大的推动作用。从我国战略发展的角度来说,东北区域经济一体化建设对于推动东北振兴具有重要的意义。区域经济一体化作为促进区域经济发展的重要形式,受到越来越多国内外学者的广泛关注。经济学家们提出的区域经济一体化理论、产业区位理论、系统论、协同论等一系列的理论,有利于我们加深对东北区域经济一体化的理解并更好地指导实践。

(一)区域经济一体化理论

1. 关税同盟理论

关税同盟理论是区域经济一体化的重要理论。1950年,美国经济学家维纳出版了《关税同盟问题》,在书中提出关税同盟理论是指两个或两个以上国家缔结协定,建立统一的关境,缔约国之间减让或取消关税,对关境外的国家或地区的商品进口则实行共同的关税政策。

关税同盟的效果包括静态效应和动态效应。静态效应主要包括贸易创造效应、贸易转移效应以及贸易扩大效应。贸易创造效应是指关税同盟建立后,由于缔约国之间减让或者取消了关税,成员国内生产成本高的某些产品改由向生产成本低的成员国进口,从而提高了资源利用率,获得更多的贸易利益。贸易转移效应是指关税同盟建立后,由于缔约国之间减让或者取消了关税,从而发生了同盟成员的低效率(高成本)生产取代非同盟成员的高效率(低成本)生产,即在差别待遇的影响下,某一同盟成员国把从世界上生产效率最高、成本最低的国家进口产品转向从同盟内生产效率最高的国家进口产品。贸易扩大效应是指缔结关税同盟后,进口国某商品的价格下降,如果该商品的需求价格弹性大于1,则进口国对该商品需求数量的增加幅度要大于该商品价格的下降幅度,从而使该商品的进口额增加。关税同盟理论除了上述静态效应外,还有动态效应。关税同盟理论的动态效应是指关税同盟建立后,长期内会对成员国的经济结构产生较大影响,这些长期的结构性影响就是动态影响,即能够推动资源的优化配置;

能够加剧竞争，从而推进技术进步；有利于获得专业与规模经济效益；有利于改善投资环境，扩大投资规模。

根据关税同盟理论，区域经济一体化不仅会产生贸易创造、贸易转移以及贸易扩大等静态效应外，还会产生资源优化、规模经济、投资扩大、技术进步等动态效应。因此，东北地区在推进经济一体化的过程中，要积极推进对外贸易一体化发展，促进资源合理配置，统筹东北地区开展对外贸易的各种优势，推动区域经济增长。

2. 大市场理论

大市场理论是论述共同市场与成立效益的理论，比关税同盟理论一体化范围更广。该理论的核心观点是通过国内市场向统一的大市场延伸，扩大市场范围，获取规模经济效益，从而实现技术利益；通过市场的扩大，创造激烈的竞争环境，进而达到规模经济效益和技术利益的目的。大市场理论的提出者认为，以前各国之间推行的贸易保护政策只顾本国利益而忽视了其他国家的利益，导致市场狭小且缺乏适度的弹性，难以实现规模经济效应。共同市场的目的就是消除贸易保护主义，把分散孤立的小市场统一为一个大市场，通过大市场内的激烈竞争实现优胜劣汰，进而实现生产要素的优化配置，获得规模经济效益。大市场理论的代表人物是西托夫斯基和德纽。西托夫斯基针对当时西欧的现状，提出西欧国家的企业满足于狭小的国内市场，缺乏竞争，存在着"小市场与保守的企业家态度的恶性循环"，只有在大市场内开展自由贸易，才能迫使企业家从旧式的小规模生产转向大规模生产，从而打破这种恶性循环。德纽认为，大市场能够带来规模化生产，进一步激化竞争，促进和刺激经济扩张。大市场理论反映了自由贸易的思想，意在不断扩大开放、放宽市场准入，从而实现经济利益。

从大市场理论来看，当经济一体化演进到共同市场后，才能更好提高资源的配置效率，实现规模经济和大批量生产的利益。因此，在推进东北区域经济一体化时，要有大市场的观念，将各个小市场统一为一个大市场，在共同市场中促进各类要素合理流动和高效集聚，促进区域经济持久、包容和可持续的增长。

3. 协议性国际分工原理

日本著名教授小岛清提出了协议性国际分工原理。他认为，经济一体化组织内部如果只依靠比较优势原理进行分工，不可能完全获得规模经济的好处，只有实行协议性国际分工，才能实现区域内效益最大化。所谓协议性国际分工，是指在协议前，两国都生产两种产品，但是由于市场狭小，导致成本很高，两国经过协议性分工后，各自都只生产一种产品，两国分别向对方提供对方产品所需要的国内市场，以此扩大市场规模，提高产量，降低生产成本。协议性分工很难通过价格机制自动地实现，而必须通过当事国之间签订某种协议，以制度的形式将具体分工确定下来。

根据国际分工原理，东北地区在推进区域经济一体化的过程中，各独立行政区之间要签订协议，合理分工，扩大市场规模，从而获得规模经济，实现区域内利益最大化。

（二）产业区位理论

产业布局是指产业规划、产业在一国或一地区范围内的空间分布和组合，"主要研究在一定的生产力发展水平和一定的社会条件下，怎样在空间布局生产力诸要素使得产业活动取得预期的经济效果"[①]。产业布局合理与否直接影响该国或地区优势的发挥以及发展速度。产业区位理论是产业布局的核心理论，其形成和发展经历了以下三个阶段。

1. 古典区位论

农业区位论。19 世纪德国著名经济学家冯·杜能出版了《孤立国同农业和国民经济之关系》一书，首次系统地阐述了农业区位论的思想，奠定

---

① 李瑞红. 基于区域经济一体化的东北三省产业结构研究 [D]. 南宁：广西师范学院，2010.

了农业区位论的基础。他运用了类型归纳和理论演绎的方法，详细记录了十多年的农业数据，设定了"孤立农场"这样一个假想空间，推理出了距离城市远近的地租差异即区位地租或经济地租是决定农业土地利用方式和农作物布局的关键因素。距离城市越近，则种植的农作物价值相对于运费而言较高；距离城市越远，种植的农作物价值相对于运费而言较低。因此，杜能建立了以城市为中心的"杜能圈"。"杜能圈"的提出具有非常重大的意义，直到目前一些城市周边的农业布局还能看到"杜能圈"的影子。

工业区位论。受农业区位论的启发，德国经济学家韦伯提出了工业区位论。韦伯在工业区位论中提出了一系列概念，其中，最核心的概念是"区位因子"概念。区位因子是决定工业空间分布的关键因素，即特定商品在某处生产比其他场所产生的费用降低的可能性。韦伯将工业区位因素归类为一般区位因子和特殊区位因子、地方区位因子和聚集与分散区位因子、自然技术区位因子和社会文化区位因子。在上述的区位因子中，只有极少数的区位因子可以单纯作为理论研究的出发点，绝大多数区位因子只是对工业部门的布局产生影响。韦伯的工业区位理论也是建立在三个基本假设的基础上的：第一，已知原料供给地的地理分布；第二，已知产品的消费地与规模；第三，劳动力存在于多数的已知地点，且不能移动，各地的劳动力成本是固定的，在这种劳动力水平下可得到的劳动力是无限的。在以上三种假定条件下，他抽象地分析了工业生产分配过程，并通过演绎运算的方式推导出纯区位，构建了工业区位理论体系。他强调，运输成本和价格是决定工业区位的主要因素。企业为了节省成本，往往会将工厂建设在生产和流通最节省的地方。因此，韦伯认为，合理的工业区位应该在运费、劳动力、集聚这三个因子指向的总费用最小的地方。

2. 近代区位论

费特的贸易区位论认为，生产费用和运输费用与企业竞争力大小密切相关，企业生产费用和运输费用降低，企业的市场范围就会扩大，反之就会缩小。德国地理学家克里斯塔勒提出了中心地理论，他认为，在市场、交通、行政原则的支配下，中心地网络呈现出不同的结构，而且中心地和市场区大小的等级顺序有着严格的规定。中心地等级与中心职称是相对应的，最低等级的中心地具有最低的中心职能，而比其高一级的中心地不仅拥有相对应的中心职能，同时还拥有最低级的中心职能。廖什考察了市场规模和市场结构对产业区位的影响，他认为，产业布局必须充分考虑市场因素，应该尽量把企业布局在利润最大的区位，这就要求在考虑生产成本与运输费用的同时，还要充分考虑市场划分与市场网络结构的合理安排。

3. 现代区位论

二战后，产业区位理论得到了极大的发展，出现了各种各样的论述，主要可分为三个派系。

一是成本—市场学派。这一学派关注成本与市场的相互依存关系，主张通过综合分析区位因素来确定产业布局，并以最大利润原则来确定产业的最优区位。其中代表性的人物有胡佛、艾萨德、俄林等。胡佛对韦伯的理论进行了修改，他根据运输本身的特点，提出"终点区位优于中间区位"的理论，为产业布局提供了重要的理论依据。艾萨德从韦伯的成本理论出发，系统地提出了选择工业厂址的七大指向，并提出了著名的替代原则。俄林在深入分析杜能、韦伯理论的基础上，提出了一般区位论。他认为，运输方便的区域能够吸引大量的资本和劳动力，依此建立市场，可专门生产面向市场、规模经济优势明显和难以运输的产品。俄林的一般区位理论包括要素禀赋学说、相互依存理论、区域专业化理论等。

二是行为学派。该学派主要特点是把人的主观因素考虑在内，把人的主观态度作为影响产业布局的重要因素，主张寻求最满意的区位而非最佳的区位。该学派认为，现实生活中没有完全的经济人存在，因此不能做出最优的区位决策。该学派的代表人物是普莱德，他批评韦伯等人忽视人的主观态度而只对区位论做空间分析的做法，认为人的地位和作用是区位分析的重要因素。

三是社会学派。该学派的理论是强调政府干预区域经济发展，其特征是把政府及其政策作为区位选择的核心因素。

从古典区位论到现代区位论，产业区位理论的研究得到了不断的深入和发展，其理论和应用也向纵深发展。东北地区在推进区域经济一体化研究时，要打破只专注各个省份各个城市的区位研究，综合考虑东北地区的经济条件、自然条件、交通条件等，从整体角度来研究产业布局，为东北区域经济一体化奠定基础。

（三）系统论

系统论思想源远流长，但作为一门科学的理论，其公认的代表人物是贝塔郎菲。贝塔郎菲于1932年发表了"抗体系统论"，提出了系统论思想。1937年，他提出了一般系统论原理，奠定了系统论的理论基础。系统论是建立在实验科学的基础上，通过对自然科学中的物理、数学、生物、化学等的研究，运用现代的理论方法来解决动态的系统，将抽象化的研究对象变得更加具体，提供合理的解决方法。系统论强调每一个系统是由若干具有相互联系、相互作用以及相互制约的要素组成的有机整体，这些要素所拥有的功能和性质形成了整个系统新的功能属性。系统内部存在一定的层次性和等级性，而且系统也同除它之外的环境进行着各种元素的相互交换。每一个系统的结构都具有自我组织的功能，即在受到外界因素的干扰时，系统能够通过系统内部要素的重新组织和改善，使其本身重新回到新的稳定状态。系统论将所研究和处理的对象看作是一个整体系统来对待，对结构、性质、行为、运动规律及其演化机制进行研究，强调整体与局部、局部与局部、整体与外部环境之间的有机联系，从本质上说明其结构、功能、行为和动态，以把握系统整体，达到最优的目标。

系统论作为一项有力的理论指导着人类认识世界和改变世界，要求把事物当作一个整体或系统来考察。区域经济一体化有其自身演化规律和内在机理，其发展经历了从无序到有序的演化发展过程，大体上可将影响区域经济一体化发展的因素分为三类：第一类是要素系统，即经济社会发展所需要的各类要素，主要包括经济、交通、产业、制度和环境五个方面。第二类是产业系统，即东北地区各省份各城市之间产业互动合作的因素，主要包括产业链发展、产业集聚程度、产业转移和产业关联水平。第三类是其他系统，主要是政府之间的协同和合作、基础设施与公共服务、社会组织、生态水平等。

根据系统论，世界上绝大多数事物都可以看作是系统的存在，东北区域经济一体化作为一项复杂的系统工程，具有整体性、开放性、动态性等特征。因此，在推进东北区域经济一体化时，要把握好整体性、开放性。一方面，要从整体出发，把握区域内各个子系统之间的联系，当这些子系统有机结合成密不可分的整体时，就能够凸显出"1+1＞2"的整体效应，即一体化的区域所产生的经济效益远远大于孤立的行政区域经济系统所创造的经济效益。另一方面，开放性是区域经济一体化发展的必要条件。在一体化的过程中，除了推动系统内各要素的自由流动之外，还要加强与外部环境的交流，促进产品、能源、信息、资金以及人才之间自由流动。

（四）协同论

"协同学"一词源于希腊文，意为"协调合作之学"。德国物理学家哈肯教授从希腊语中将其引入，并在1969年首次提出"协同学"这一名称。他在对激光理论的研究过程中，吸收了平衡相变理论、信息理论、控制论等大量理论，逐渐形成了协同学，并于20世纪七八十年代出版了《协同学导论》《高等协同学》等书，标志着协同学作为一门学科已经创立。协同论是系统科学的重要分支理论，是研究系统进化普遍规律的科学。协同论分为有序状态和无序状态，如果一个系统内的诸多要素能够协调同步、相互配合，那么该系统就是处于有序状态，就能有效发挥整体功能，反之则是处于无序状态。

协同论视域下，一体化系统通过与外界的物质或能量交换，推动相互之间发生协同作用，自发地形成时间、空间和功能上的有序结构。但随着外界的控制参量不断变化，一体化系统在一定条件下会经历从无序到有序、从有序到混沌的演化过程。协同论在东北区域协同发展中的指导作用主要体现在：区域协同发展的有序效应。协同作用是东北地区有序结构形成的内在动力，通过相互合作弥补单个行政区发展的不足，促使东北地区从无序状态变为有序状态，从无序混沌状态中产生一种稳定的耗散结构分支，这种结构成为保障区域经济一体化健康发展的关键。

将协同论运用于研究东北区域经济一体化时，应涉及以下两方面的内容：一方面是区域内各独立行政区内部因素间的协调，包括基础设施的建设、不同产业的合理衔接等的协调；另一方面是各个子系统之间相互协调，包括各行政区交通、发展布局、土地利用、资源环境等各方面的协调。

（五）可持续发展理论

20世纪五六十年代，人们对"经济增长等于发展"的模式产生怀疑并展开讨论。1972年，著名美国学者巴巴拉·沃德和雷内·杜博斯出版著作《只有一个地球》，讨论了经济全球化下环境的可持续发展问题。1980年，国际自然资源保护同盟（IUCN）受联合国环境规划署（UNEP）委托，并经过有关国际组织审定，发表了《世界自然保护大纲》，对可持续发展理念进行系统化论述。可持续发展理论最初源于生态学，强调人类对生物圈的运用要既能满足现在的最大持续效益，又能满足后代子孙的需求。1987年，联合国世界与环境发展委员会发表报告《我们共同的未来》，正式提出可持续发展概念。报告指出，可持续发展是一个涉及经济、社会、文化、自然环境的综合动态概念，阐明了发展经济和保护环境是相互联系、互为因果的关系，明确提出了要变革生产方式和生活方式，能源应清洁利用以及人口与资源应保持相对平衡。这既是对传统发展方式的反思，又是对可持续发展模式进行的理性设计。从此，人类在涉及人类命运与前途这个最根本问题上找到了共同解决的途径。

可持续发展理论着重于从共同、协调、公平、高效、协同、多维等方面定义可持续发展，这种新的发展观有三个基本特征：一是经济环境可持续发展。它强调经济增长的必要性，要求更高的经济增长质量，鼓励以经济增长促进当地的福利水平，增加社会财富。二是生态环境可持续发展。可持续发展是以自然资源为基础，同生态环境相协调。实现可持续发展的标志就是实现资源的永续利用和建立良好的生态环境。三是社会环境可持续发展。可持续发展理论强调，单纯实现经济增长不能体现可持续发展的内涵，其本质是要创造一个包含改善人类生活质量、提高人类健康水平和保障人类有自由安定的生活的社会环境。总的来说，可持续发展理论认为社会全体成员在利用有限资源方面，需在时间和空间上都享有公平性。实施可持续发展战略，所面对的是人口、资源、环境、社会和经济的大系统，有大量的人流、物流需要布局、支配和决策，在"时间序"和"空间序"上达到最佳耦合，这是可持续发展的重要课题。

在东北区域经济一体化的过程中，必须保护和改善生态环境，与环境承载力相协调。可持续发展理论的具体内容涉及可持续经济、可持续生态以及可持续社会，要求在发展中讲求经济效率、注重生态平衡。运用可持续发展理论来研究区域经济一体化问题，要促进区域内各要素间的平衡，以此推进区域内经济、社会与生态的协调发展。

二、东北区域经济一体化的时代背景

改革开放四十多年来，我国区域经济一体化趋势日益显著，呈现蓬勃发展的良好态势，不少地区已经享受或正在享受改革开放带来的经济发展红利。东北地区作为中国的老工业基地，取得了辉煌的发展成就。经济、政治、文化、社会、生态不断进步，改革发展稳步推进。然而，与南方沿海地区相比，东北地区在保持一定发展速度的同时，发展动力不足、发展质量低于预期、发展前景不容乐观等问题逐渐凸显，尤其是随着我国经济发展步入新常态，"三期叠加"使东北地区面临较大的经济下行压力，经济增速在全国垫后，甚至出现了停滞、衰退现象。

为了缩小与发达地区的差距，以新一轮东北老工业基地振兴战略的决策部署与实施为契机，抢抓"一带一路"发展的机遇，重振东北老工业基地雄风，实现东北经济社会跨越式发展。走区域经济一体化道路，是东北地区经济持续健康发展的内在要求。

（一）国内区域经济一体化发展布局的推动

区域经济一体化是 20 世纪 50 年代以来国际生活中出现的一大潮流。随着国际分工的深化以及世界产业结构的不断调整，生产国际化、经济一体化与协作化得到了空前的发展。在国家内部，各地区之间的分工与协作也在不断地加强，区域经济一体化已成为不可逆转的趋势。改革开放以来，我国经济建设取得了巨大的成就，整体实力提升，跨省区域合作也不断加强，进入了新的发展阶段。随着北京、上海、深圳等区域核心城市规模的不断扩大，空间格局也逐渐清晰起来，围绕这些中心城市，逐渐形成了京津冀、长三角、珠三角等跨省区的经济圈。这些经济圈能够顺应全球产业发展的趋势，逐渐成为产业协作水平较深、辐射带动能力较强的区域经济集团，能够对国家区域战略形成良好的支撑。此外，省域范围内的核心城市与腹地之间的合作不断深入，进行着物质与能量的交换，郑汴一体化、沈抚同城化、广佛同城化、乌昌一体化和太榆同城化等省内区域经济一体化不断发展和完善，逐渐成为所在省区的核心。省内区域经济一体化建设能够缩短城市之间的发展距离，通过集聚与辐射效应带动周边地区经济发展。

改革开放以来，我国的主要区域政策经历了不同的发展阶段，已经从最开始的以经济特区为中心的沿海地区优先发展转变为以区域协调发展为导向的共同发展。当东北地区内各独立行政区之间能够相互协调时，就能够发挥区域整体作用，凸显"1+1＞2"的整体效应。根据系统论、协同论，加快区域协同高质量发展，能够促进东北经济的全面发展，实现区域合作共赢。走区域经济一体化的道路，实现区域经济空间整合，消除各独立行政区域之间的贸易保护，构建开放有序的区域大市场，是提升东北经济竞争整体实力、进一步实现全方位振兴的必然选择。

（二）促进东北地区经济发展的重要环节

在新一轮东北振兴的时代背景下，区域经济一体化是促进东北经济发展的重要环节，具有重大意义。东北地区是我国重要的工业基地，有一大批经济实力雄厚、管理经验丰富、市场潜力良好的企业。在振兴东北老工业基地的过程中，通过联合、并购、相互参股等形式把这些企业科学地整合起来，优势互补，提高区域内产业的专业化分工和合作水平，调整和优化产业组织结构，就会形成一大批跨地区、跨行业的大型企业集团，为市场主体的形成奠定了基础。

1.减少重复建设，避免资源浪费，提高资源配置效率

东北各子区域各自为政，追求本地区的最大利益，导致产业结构趋同问题十分突出，不仅不能获得规模经济效应，而且会造成区域财富的大量流失。东北主导的重化工和装备制造业均为资本密集型产业，重复建设将造成大量资金和资源的浪费，大大降低投资效益。通过区域经济一体化，能够把分割优势转变为整体优势。东北各子区域在发展条件、经济基础、经济结构、资源禀赋、生产效率等方面存在一定的差异，生产要素又不能自由流动。在这种客观现实面前，想要以最有利的条件、最低的成本和最佳的效益来满足地区经济发展和社会生活的需要，就必然要求在子区域经济关系中，按照比较优势和比较利益的原则，选择自己最适合的产业，通过以资产为纽带的方式进行产业分工与合作，形成跨地区的产业链条，提高资源配置效率，发挥规模经济效益。这离不开东北区域内各重要管理部门相互协调和联合，必须制定统一的法规和政策，消除地方性、歧视性措

施和政策，推动东北区域内商品、资本、技术、人才等要素跨地区、跨行业有序流动，使区域内的市场体系进一步完善。东北地区走区域经济一体化道路，必将使市场主体日益健全，使市场体系和市场机制更加完善，使生产要素在区域内自由流动，形成一种区域内分工与协作的区域经济发展格局，有利于提高东北地区人民生活水平，减轻老工业基地包袱，增加就业，促进东北地区经济发展和社会和谐进步。

2. 促进区域协调发展

黑、吉、辽三省与蒙东地区一直是作为完整的经济区存在，国家在历次经济区划的界定中都将蒙东地区划归东北经济大区，因此，黑、吉、辽三省与蒙东地区具有良好的交流和合作的基础，尤其是它们在各自的比较优势上具有极强的互补性，这与经济区域一体化的本质相吻合。

在计划经济时代，东北地区一度是我国经济最繁荣的地区之一。但改革开放以来，东北地区在经济发展上逐渐趋于落后，出现了诸如农产品积压、资源枯竭、经济增长乏力等问题。当前，借助国家新一轮东北振兴的优惠政策，东北区域内部要展开协作，跳出原有的区域框架来寻求解决方法。蒙东地区矿产资源丰富，煤炭资源储量大，且以褐煤为主，含热量低，适宜建设大型煤电基地及发展煤化工。大兴安岭地区的有色金属资源和煤炭资源具有巨大的开发潜力，可以为东北地区经济发展提供强有力的资源和能源支撑，为资源日渐枯竭的黑、吉、辽三省提供丰富的有色金属原材料和煤电，为装备制造业的发展提供有力的资源和能源依托。同时，开发大兴安岭的优势资源也能够使大兴安岭地区将潜在的资源优势转化为实际的经济优势，为蒙东地区经济发展提供不可多得的契机。并且，黑、吉、辽三省在不断发展过程中可以为蒙东地区大力发展城市接续型产业提供广阔的市场空间，尤其是有色金属产业和以坑口电站为主的煤电产业。可以说，蒙东地区是东北老工业基地振兴的重要能源和原材料接续地。振兴东北、推动东北地区经济发展离不开蒙东地区，对于东北地区推进区域经济一体化尤为重要。

对蒙东地区来说，国家实施的振兴东北战略，是一次千载难逢的历史机遇。内蒙古在改革开放中取得了空前的发展，但区域发展不平衡问题仍很突出。蒙东地区与蒙西地区相比，经济发展相对滞后，有差距逐步扩大的趋势。东北区域经济一体化能够加快蒙东地区的发展。蒙东地区资源丰富，但是由于资金短缺以及技术和人才等方面的问题，没有对矿产资源进行详查、精查，因此，如何开发和利用蒙东地区的潜在资源成为一大难题，而通过区域经济一体化，可依托东北地区资金、人才、技术等方面的优势，加强互利合作，对于推动蒙东地区的资源勘探和开发具有重要的战略意义。蒙东地区可以按照专业分工的原则，与黑、吉、辽三省进行企业联合，发挥资源优势与劳动力优势吸引黑、吉、辽三省特别是辽宁省的企业到蒙东地区投资办厂，合作开发山地、草原、湖泊、河流等资源，开发绿色食品、保健品、中草药产业，逐步形成规模优势。在农业方面，蒙东地区可通过与黑、吉、辽三省的院校、科研机构进行产学研合作，发挥技术对经济增长的提高和推动作用，使农业向规模化、标准化生产发展。此外，蒙东地区由于长期投入不足，交通基础设施严重滞后，落后于黑、吉、辽三省，运输通道已成为资源开发的瓶颈。而黑、吉、辽三省交通运输比较发达，目前已基本形成了由铁路、公路、水运、民航和管道等构成的区域交通体系。蒙东地区可以利用黑、吉、辽三省交通方面的优势，抓住国家实施新一轮东北振兴战略的有利时机，提高路网等级和通达深度，改善公路生态环境。

（三）进一步参与东北亚经济合作的必然选择

改革开放以来，我国东部沿海地区依靠高度开放和得天独厚的区位优势，抓住发展机遇，经济发展水平得到了显著的提高，取得了一系列瞩目成就。我国内陆沿边地区虽然经济取得了很大的发展，但与东部沿海地区相比较而言，对外开放程度仍较低且发展进程缓慢。"党的十七大提出了提升沿边开放要求，这就需要选择一些基础条件较好、未来发展潜力大的地区率先实现突破，为其他沿边地区对外开放提供可借鉴的经验。"①从东北亚的实际情况来看，各国发展水平差异明显，发达国家和不发达国家并存，各自具有独特的资源条件，且相互之间经济互补性较强，合作潜力和空间巨大。

东北地区与东北亚其他国家地理位置相邻，是面向东北亚开放的重要窗口，具有成为我国沿边开放示范区的优越条件。东北地区不仅具有得天独厚的地理位置，而且具有丰富的经济资源、雄厚的工业基础，与东北亚各国形成了广泛的经贸合作关系。东北经济区与邻近各国相比，处于中等水平，其产业结构与这些国家有很大的互补性。蒙东地区与俄罗斯、蒙古国接壤，有较长的边境线，有满洲里、策克等18个对外开放口岸，具有与黑、吉、辽三省联合建立出口加工区以及开拓俄罗斯、蒙古国及东欧市场的有利条件。资源丰富的俄罗斯远东地区和蒙古国与我国的边境线长达7000多千米，其中与内蒙古接壤有4300多千米，这使蒙东地区成为东北经济区向北开放极具优势的区域。呼伦贝尔地处中国、俄罗斯、蒙古国三国交界的黄金地带，与俄罗斯已经形成了水、陆、空三位一体的交通网络，是欧亚大陆桥重要的国际通道。满洲里是我国最大的陆路口岸，年过货能力高，被称为"欧亚大陆桥的桥头堡"。这些为提升东北经济区与周边国家的经济技术合作水平、国际贸易量以及交流层次提供了重要的基础，因此，东北区域经济一体化是进一步参与东北亚经济合作的必然选择。

改革开放以来，东北参与东北亚合作取得了重大进展，边境贸易迅速发展，进出口总额不断增长，市场规模日益扩大。但是，由于东北边境城市基本上都是中小城市，经济总量不大、人口聚集度相对较低、产业竞争力不强等问题突出，并且短时期内很难吸引经济资源和人口大规模流入。此外，边境经济合作区与东北地区中心城市经济联系薄弱，不能够有效支

---

① 徐云飞. 长吉图区域经济一体化研究 [D]. 长春：东北师范大学，2011.

撑国际性区域合作开发。东北区域经济一体化可以将沈阳、大连、长春、哈尔滨这几个特大城市整体纳入国际合作开发范围，可以增强东北地区的整体实力，并为我国进一步扩大沿边开放提供借鉴。东北区域经济一体化的发展，将形成一个涟漪效应，辐射带动更远的经济圈发展，吸引其他区域发展资源的聚集。加快东北区域经济一体化发展进程，优化资源配置，把沿海沿边开放和境外资源开发结合起来，引进国外资金、技术、人才、管理经验，增强自主发展能力，实现内外联动、互利共赢、安全高效的开放型经济前沿，形成三省一区全面推进东北亚区域合作的局面。

|第二章|

东北区域经济一体化的基础

　　东北各省区山水相连，文化相同，人缘相亲，在经济、文化结构以及生产力和生产关系方面十分相似，有相同的产业特点和发展经历，且在人才、自然资源、技术等方面具有较强的互补性。相同、相近、相互联系的诸多因素，使东北经济区各省区之间的经济内在联系紧密，经济关联较强，具备区域经济一体化的优越条件。东北各省区在历史上曾有过许多经济合作，这些合作取得了一些成绩，形成了一些合作组织。如何加速经济发展、实现东北全方位振兴，东北区域经济一体化为这一难题提供了解决路径。

一、区域经济一体化的内涵

（一）区域

　　区域是一个空间范畴，是人类经济活动的地域空间载体，是指"在经济上具有同质性且构成一级利益主体的空间单元，它是具有一定的共同利益的彼此接邻的地区，是便于组织、计划、协调、控制经济活动而加以整体考虑的，并考虑行政区划基础上的一定的空间范围，它具有组织、协调区域内外经济活动和经济联系的能力"[1]。经济区域一般以"同质区域"和"极化区域"两种形式存在。"同质区域"又称"匀质区域",是根据区域内某些重要因素特征的一致性和相似性进行划分的,区域各部分之间的状态较之区域外的具有更多的相似性,也正因如此,"同质区域"常常缺乏具有一定组织能力的核心,彼此之间的互动性也相对较弱。"极化区域"又称为"功能区域",是指地理空间中地方化的异质连续区域。一般来说,"极化区域"在资源禀赋、产业结构、文化背景等方面都具有一定的相似性,并且区域内不同部分通过围绕区域增长极的相互关联而相互依存,形成区域经济发展的内聚力。

(二)区域经济

"区域经济"又称为"地缘经济""地区经济",是指以一定地域为范围,并与经济要素及其分布密切联合的区域发展实体。区域经济发展是否合理,可以从区域经济在国家经济发展中是否起积极的推动作用、区域经济的发展速度和规模是否与当地的要素实力相匹配、区域内各生产部门的发展和整个区域经济的发展是否相协调等多方面来衡量。

(三)区域经济一体化

经济学中的"一体化"最初来源于企业之间的联合,所谓"一体化",是指把若干分散的企业联合起来,组成一个统一有序的经济组织。早在20世纪40年代,"一体化"就已经与"区域经济"相结合为"区域经济一体化"。区域经济一体化是指"区域内两个或两个以上的国家或地区,为了维护共同的经济和政治利益,通过签订某种政府间条约或协定,制定共同的政策措施,实施共同的行动准则,消除国别之间阻碍经济贸易发展的障碍,实现区内互利互惠、协调发展和资源优化配置,最终形成一个政治经济高度

---

[1] 戈银庆.中西部区域经济整合与区域经济发展问题研究[M].北京:人民出版社,2008.

协调统一体的过程"①。

从地域范围来看，区域经济一体化可划分为国际区域经济一体化和国内区域经济一体化。国际区域经济一体化是经济活动跨越国界而形成的合作，比如欧盟、北美自由贸易区、东南亚国家联盟等，这些合作对于加速各国经济增长、增强综合国力和国际竞争力有着重要的推动作用。国际区域经济一体化已经成为各国进一步加强合作的有力工具。国内区域经济一体化是指一国内部跨行政区的经济融合，比如我国的京津冀、长三角、珠三角等跨省城市群以及长吉图、长株潭等省内城市一体化。区域经济一体化是在区域经济发展的过程中形成的一种具有排他性的经济集团，有利于加快生产力的发展、发展规模经济、增强竞争力，实现区域内的资源共享和联动发展。

二、东北区域经济一体化的时代紧迫性

改革开放以来，东北地区面临着市场化程度不高、国有企业活力不足、民营经济发展不充分等问题，走区域合作和协调发展道路是东北老工业基地焕发生机活力的必然选择。从国际区域发展的角度来看，东北与韩国、俄罗斯等周边国家在产业结构、自然资源等方面具有很强的互补性。东北拥有得天独厚的自然区位优势，北部与俄罗斯接壤，东部沿海水运交通发达，是全国经济发展中不可忽视的重要一环。加快东北老工业基地全面振兴，是优化我国经济结构、促进区域协调发展的必然选择，是增强我国产业竞争力、打造新经济支撑带的重大任务。要充分认识推进东北老工业基地全面振兴的重要性和紧迫性，坚定不移把这项宏伟事业推向新阶段。

（一）东北全方位振兴的必然选择

伴随中国特色社会主义进入新时代，我国经济发展已由高速增长阶段转向高质量发展阶段。而东北地区由于产业结构问题，经济下行压力较大，

---

① 徐盛华，章征文. 新编国际贸易学 [M]. 北京：清华大学出版社，2006：109.

经济增长缺乏动力，经济结构性体制机制矛盾日益尖锐，发展面临众多困难和挑战。培育东北经济增长新动力，并以此推动东北全方位振兴，意义重大。

从增长极理论的扩散性效用角度分析，发达地区的示范效应可以调动欠发达地区的积极性，并提供发展经验；差异使不同地区形成各自比较优势，有利于相互竞争与合作，促进整个国民经济的发展。改革开放以来，东部发达地区的先发效应使东南沿海地区经济迅速发展，成为我国消费品制造基地；西部地区虽然区位优势不如东部优越，但凭借资源优势成为我国资源密集型产业基地；东北三省一区是我国重工业、商品粮、畜牧业产业基地。地区间合理的分工格局，可以更好地发挥区域优势，避免重复建设带来的低效益，实现区域经济的比较利益，达到协调发展、共同发展。因此，东北三省一区走一体化道路，可以更好地发挥区域优势，最终实现经济的共同发展，助力东北全面振兴。

东北三省一区是密不可分的经济联合体。东北三省一区在市场、技术、人才、资金方面密切合作，形成了相互依存的关系，且这种趋势不断加强，在电网建设、铁路建设、农牧产品加工等领域共同实施了一批重大项目。在电网建设方面，蒙东地区、黑龙江东部电力资源丰富，而负荷中心在辽宁，为此，东北电网公司着力提高"北电南送"和"西电东送"输电能力，保证辽宁电网的电力供应。在交通方面，东北三省与蒙东地区的跨界铁路为"五横两纵"，公路有七条国道相连接，通辽、赤峰等机场已开通至沈阳、哈尔滨、长春等的直达航线。在农业方面，三省一区设立了农业特区，打造现代化大农业的孵化基地，为落实乡村振兴战略、推进农业供给侧结构性改革、壮大东北农业产业迈出了示范性的步伐。三省一区的区域合作既为蒙东地区发展注入了活力，也为东北三省经济发展和振兴提供了有力支持，提高了东北地区的整体竞争力。事实证明，仅仅依靠自发的沟通联系，很难实现经济的有序协调健康发展，只有打破行政区划的限制，统一发展规划，进行一体化发展，才是解决问题的有效途径。

从近年来区域经济一体化发展的新态势来看，实现东北地区全方位振兴，打破"省际壁垒"，建立三省一区之间的区域经济合作；健全市场机制，促进生产要素在区域间的自由流动；引导产业转移和升级，鼓励和支持各地区开展多种形式的区域经济合作和技术、人才合作，形成三省一区共同发展格局，是东北地区全方位振兴的必由之路。东北区域经济一体化，既是实现东北振兴的必然要求，也是实现中华民族伟大复兴的战略要求。三省一区之间联合互动，必然会促进区域经济一体化进程，带动东北地区新一轮共同发展和全方位振兴。

（二）产业结构调整的必然要求

当今世界区域经济依赖性日益增强，各独立行政区通过区域资源整合，提升自身竞争力，已成为推动经济发展的必然选择。区域经济一体化能够提高劳动生产率，促进生产力迅速发展；能够调整区域资源，加快产业结构调整。东北地区走区域经济一体化道路是优化国家顶层设计的重要举措，不仅为解决经济发展中面临的尖锐矛盾提供了契机，也是优化国家区域发展布局、优化生产力布局并促进生产力发展、形成新的经济发展方式的内在要求。

东北农业资源丰富，发展水平较高。黑、吉、辽三省都是我国的粮食主产省，其中，吉林省的松嫩平原、黑龙江的三江平原是我国重要的商品粮基地，蒙东地区是我国纯天然、无污染的绿色农产品基地，是发展绿色食品和有机食品的理想之地，西辽河平原和嫩江平原是国家重要的粮食生产基地之一。东北农产品资源十分丰富，水稻、玉米、大豆等在全国占有十分重要的地位。但是东北农业的生产仍然存在一些问题，比如农产品缺少精深加工，大部分停留在初级加工阶段，精加工、深加工产品所占比重较低，有待向更精、更深方向发展。推进区域经济一体化有利于比较优势互补，构建农业现代化产业体系，提高农业装备水平，优化农业发展模式，推动农产品向精深处发展。

在中国经济发展史上，东北历来是一个重工业型基地。东北的工业企业大部分是在"一五"计划和"二五"计划期间建立起来的传统工业企业，主要是钢铁、石化、冶金等资源型工业企业，对资源的依赖性比较强。对资源的长期开发导致东北老工业基地采掘和原材料工业的优势逐渐消失，制造业的优势也明显不如从前，矿产资源也有一部分枯竭，并由此形成了一批资源枯竭型城市。另外，东北地区科技投入不够，一些企业的设备陈旧、技术落后，缺乏可持续发展能力，出现了最终产品少、中间产品多的局面。沈阳、哈尔滨、长春、大连等城市传统产业占有优势，新型产业发展缓慢，产业演进出现断层现象。自20世纪90年代以来，东北地区在调整产业结构方面做了很多努力，产业结构也已经发生了很大变化，但是同实现社会主义现代化的发展要求仍有一定差距。东北区域经济一体化，能够根据各省工业化水平和产业优势形成垂直一体化，通过垂直一体化来加强区域内的产业联系，有助于各行政区选择与自己经济特征相适应的产业结构，调整现有的不合理的产业结构，培育新的经济增长点。

近年来，东北地区正在大力发展与传统制造业相配套的特色服务业，旅游产业蓬勃发展，如位于黑龙江省牡丹江市的"中国雪乡国家森林公园"已成为黑龙江省乃至全国的一张冰雪旅游名片，吉林省延边州二道白河镇是长白山区域旅游支点城镇。但是，黑、吉、辽三省由于行政划分，存在着较为严重的地方保护主义，这与市场经济规律的要求相悖，严重制约了第三产业的发展。"到2017年，全国三次产业增加值份额比依次为7：41：52，辽宁省为8：39：53，吉林省的产业结构比依次为7：47：46，黑龙江省的产业结构比依次为19：25：56。"[①] 可见，东北三省产业结构不均衡问题较为明显，第三产业和全国水平相比，还有一定差距，没有能够实现第二产业和第三产业的协同发展。蒙东地区牢牢把握国家新一轮东

---

① 刘璐. 东北三省产业结构演变特征及其影响研究 [J]. 经济视角，2019（03）：7-14.

北振兴战略的有利机遇，经济结构持续优化，农牧业基础地位依然稳固，服务业发展水平在稳步提升，产业结构优化向好。"2018 年，蒙东地区服务业增加值比上年增长 6.2%，较上年提高 0.8 个百分点，对蒙东地区 GDP 增长的贡献率达 60.9%。"① 因此，推动东北区域经济一体化，能够加强区域内的联系，加强基础设施互联互通，加强区域内产业协调发展，形成产业集群效应，进而推动产业结构调整。

（三）新一轮改革开放战略实施的逻辑选择

发展是解决我国一切问题的基础和关键。对于东北地区来说，推动经济高质量发展，实现全方位振兴，还需要靠改革增动力、开放拓空间，以新一轮改革开放加快培育经济增长新动能。适应新一轮改革开放的客观要求，加快实施区域经济一体化战略，已然成为东北全面深化改革、积极运筹发展、构建开放型经济新体制的必然选择。当前国际国内经济形势正呈现深刻而复杂的变化。从国际情况来看，一方面，相比过去，经济增长面临的挑战和不确定性大幅度增加；另一方面，得益于世界上多数地区和国家的共同努力，国际经济也呈现出一些积极信号。从国内情况来看，一方面，我国总体上保持了经济健康发展和社会大局稳定，发展仍处于并将长期处于重要战略机遇期；另一方面，经济运行"稳中有变、变中有忧"，激发和培育新动能的挑战也在增加。东北要实现全方位振兴，就要深刻把握好国际国内发展大局，抓住新一轮改革开放的机遇，在新一轮改革开放中培育经济增长新动能。

当前，以集成电路、人工智能、大数据等为基础的高新技术服务业已成为全球资本的集中领域，其应用辐射范围广泛、创新力强，具有较高的经济效益和社会效益，成为各国经济实力和综合国力竞争的关键领域。发展高新产业技术不仅有利于培育新的经济增长点，而且有利于改变当前东

---

① 2018 年蒙东地区经济稳定好转 [EB/OL].https：//baijiahao.baidu.com/s?id=162644
1708661047612&wfr=spider&for=pc，2019-02-26.

北产业结构低度化的趋势，促进经济结构向知识经济、循环经济转变，从而在世界高新技术产业领域占有一席之地。但东北地区受计划经济体制影响较深、传统工业模式根深蒂固、自我创新能力不足，导致技术创新对经济结构优化升级作用比较薄弱。因此，东北地区要以新一轮改革开放及新一轮东北振兴为契机，走区域经济一体化的路子，加强区域内资金、技术、人才的交流互通，突破传统经济发展模式，加快传统产业的提质增效升级。走一体化发展道路，有利于推动技术、体制机制、管理模式等方面的创新，吸引和培养高层次技术人才和创新型人才，从而推动东北产业结构优化升级和高质量发展。

三、东北区域经济一体化的现状

自 2002 年党的十六大提出支持东北地区老工业基地调整和改造，推进协同发展已经成为东北地区各省市的自然选择。近二十年来，东北在区域经济一体化发展方面布局充分，为深入推进东北区域经济一体化发展奠定了坚实基础。然而，近十年来，无论是沈阳经济区的发展，还是哈长城市群的推进，都没有发挥区域增长极的作用，对东北区域经济一体化的引领作用也不明显。深入考察分析东北区域经济一体化发展的现状，进而合理规划东北区域经济一体化发展战略必要而迫切。

（一）东北区域经济一体化的有利条件

1.地缘相邻是东北区域经济一体化的客观基础

地区相邻或者相近是区域经济一体化的首要前提。黑龙江、吉林、辽宁三省接壤，都是温带大陆性季风气候，适合温带经济作物的增长。沈阳距长春 300 多公里，长春距哈尔滨 200 多公里，沈阳距哈尔滨 500 多公里。黑龙江、吉林、辽宁三省相邻，自然地理环境相似，有通向内陆和俄罗斯的口岸以及畅通的交通条件，形成了一个相对独立的自然区。从自然地理环境和社会经济状况来看，东北三省地缘相邻，水系相通，道路相连，文化相似，资源互补，市场互通，三省的山地、草原、河流等自然景观基本是连成一体的，构成了完整的自然地理单元。

2. 自身优势是东北区域经济一体化的推动要素

无论从自然资源角度还是从区域经济角度来看，东北地区均是一个相对完整的整体，不仅在地缘文化传统方面较为相似，而且在产业结构方面也具有较强的互补性。加强东北区域经济协作，有利于推动东北地区高质量发展。

东北地区在资源禀赋方面的优势：辽宁省矿种较齐全，矿产资源丰富，各种有用矿产110多种，其中铁矿、菱镁矿、溶剂灰岩、高铝原料红柱石均位于全国首位，这些资源构成了东北发展工业的优势条件。吉林省树种繁多，森林资源丰富，猴头菇、松茸、黑木耳等野生植物资源也非常丰富，矿产资源中的石油和天然气储量较丰富，水泥用灰岩等不仅储量大，而且分布集中。黑龙江省耕地面积较大，在2019年时达到2.39亿亩，居全国第一位，林地面积约占全省面积的四分之一。齐齐哈尔是畜牧业基地，伊春市药材资源所占比重较高，牡丹江是"黑木耳之都"，这些资源为东北地区发展林业、牧业奠定了重要的基础。另外，黑龙江省是东北三省中煤炭最丰富的省份，黄金、石墨、铜、铅、锌、钨等矿产资源产量居于全国前列，可提供给其他两省发展冶金行业。蒙东地区矿产资源丰富，其中，石油、煤炭、天然碱的储量巨大。目前黑、吉、辽三省部分地区的电力资源、林木资源、水资源、煤炭资源以及矿产资源大部分来源于蒙东地区。因此，充分利用蒙东地区丰富的能源和原材料资源，对缓解黑、吉、辽三省资源压力、推动资源型城市经济转型、促进区域经济发展、实现全方位振兴具有重大意义。

东北地区在科技发展方面的优势：高水平人才在推动科技发展中有重要作用，是实现产业、经济创新的重要源泉。东北三省拥有1000多所中央和省级科研机构、100多所高等院校，形成了不同特点的教学、科研与开发体系，具有较多的高水平人才。以辽宁省为例，辽宁是全国的科技大省，有高校116所，其中本科院校65所，另外还有很多科研院所，积聚了一大批高层次科技人才，拥有大量科技成果存量。辽宁省有东北大学、大连理工大学、辽宁大学、大连海事大学等众多高等院校，高层次人才较多，且在技术、机械、石油、化工、农林土壤、新型材料、计算机硬件等方面具有优势；辽宁省依托沈阳新松机器人公司和中科院沈阳自动化所，加快推进中国智谷（机器人未来城）、中德产业园—东方机器人谷和人工智能"创新特区"建设，逐步发展成为以机器人和智能产业为核心的智慧产业带。吉林省有吉林大学、东北师范大学、东北电力大学、长春工业大学等高等院校，人才资源丰富，在基础化学、量子化学、运输机械、光电子技术等方面的研究处于领先地位。此外，省会城市长春被国家科技部评为"全国科技进步先进市"，被国家知识产权局评为"国家知识产权示范城市"。黑龙江省有哈尔滨工业大学、哈尔滨工程大学、哈尔滨理工大学、黑龙江大学等高等院校，高层次人才较多。黑龙江省在石化、有色金属、农林、生物工程等技术方面有较好的基础。这些为东北区域人才交流以及提高科学技术水平奠定了重要的基础。

东北地区在产业发展方面的优势：东北地区发展历史悠久，具有雄厚的工业基础，其现代大工业布局已经基本成型。《中共中央国务院关于全面振兴东北地区等老工业基地的若干意见》中明确指出，东北地区是新中国工业的摇篮和重要的工业生产基地，拥有一批关系国民经济命脉和国家经济安全的战略性产业，资源、产业、科教、人才、基础设施等支撑能力较强，发展空间和潜力巨大。钢铁、冶金、机械、能源等工业领域都具有较为完整的工业发展模式和体系，并且拥有一批优势产业和举足轻重的骨干企业。区域内集中了辽宁省的装备制造业、电器机械及器材制造、通信设备和计算机及其电子设备制造业，吉林省的汽车装备制造业、石油化工、农产品加工等产业，黑龙江省的动力产业、粮食产业、旅游业、电子信息产业等。辽宁省省会城市沈阳作为世界先进装备制造业基地，其装备制造、石化、煤炭、冶金等产业在全国占有非常重要的地位。吉林省省会城市长春是汽车主要生产基地，大部分的发动机管理系统、发动机系统部件、变速箱控制单元、高压油泵总成和传感器等电子产品都在这里生产。延边地处中朝边境，充分利用独有的地缘优势，发展对韩国、日本等国家的劳务经济。黑龙江省省会城市哈尔滨把冰雪经济作为重点发展方向之一，加快新旧动能转换，"白雪换白银"给东北老工业基地注入了新活力。辽宁省的支柱产业是装备制造业、石化和冶金。吉林省的支柱产业是汽车产业。黑龙江省除了传统优势产业外，旅游业也形成很大优势，近年来已经成为全国冬季旅游的热点区域。目前东北地区在基础设施和重化工业方面有很大优势，但是对外开放程度低，外向型经济发展滞后。黑龙江省地处国家边陲，毗邻俄罗斯，是向北开放的重要窗口，与俄罗斯在经贸交流、科技人文等领域合作成效显著。俄罗斯国土广大、资源丰富，且产业结构与东北地区差异较大，通过发挥黑龙江在中俄合作中的"桥头堡"作用，能够扩大国际市场，增强东北对国际资本、技术人才的吸引力，从而为东北产业分工、发展外向型经济奠定基础。此外，凭借自然资源禀赋发展起了一系列原材料产业和装备制造业，为东北积累了大量制造业技术、经验和职业技能工人。

东北地区在交通基础设施发展方面的优势：实现交通一体化是区域合作的重要内容之一，黑、吉、辽交通运输比较发达，网络密度较大，目前已基本上形成了由铁路、公路、水运、民航和管道等运输方式构成的、较为完整的区域交通体系。自 2012 年哈大高铁通行以来，哈尔滨、长春、沈阳、大连四大城市实现四小时内通达，辽宁沿海经济带、沈阳经济区、长吉图经济区和哈大齐工业走廊也逐步实现了连成一片。2015 年，吉林省积极推进以高速公路为重点的基础设施建设，集中资金建立了贯通纵向省际大交通和"山水旅游"快速通道。在"十三五"期间，吉林省重点建设国高网省际大通道、旅游通道和国防战略通道等一批重大项目。辽宁省境内主要有京哈铁路、沈大铁路、沈吉铁路等普通铁路以及哈大、丹大等高速铁路，是全国铁路密度最大的省份。陆路交通比较发达，公路通车里程占路面里程的比例超过80%，境内有京哈高速、辽中环线高速、丹大高速等众多高速公路，全部省辖市均由高速公路网联通。黑龙江省铁路以哈尔滨为中心，向四周辐射，并以齐齐哈尔、牡丹江和佳木斯为主要枢纽，主要铁路有京哈铁路、滨绥铁路、滨洲铁路、滨北—北黑铁路、平齐铁路等。境内的松花江干流航道，是全国内河水运主通道之一，"全长489公里，目前可通航千吨级船舶，年通航期为210天左右。横贯哈尔滨都市圈整个区域，从西向东，流入黑龙江，流经区域内的肇东、哈市市区、双城、宾县，全长360.21公里"①。

2015年东北三省综合运输基础设施发展情况

	辽宁	吉林	黑龙江
铁路正线延展里程 / 千米	9061	6679	8562
铁路营业里程 / 千米	5773	5053	6234
铁路客运量 / 万人	12912	7158	9709
铁路货运量 / 万吨	16438	4430	9031
公共交通运营线路总长度 / 千米	33007	14520	27461
公路线路年末通车里程 / 千米	120365	97326	163233
公路桥梁长度 / 米	1852116	532379	745596
渡口拥有数 / 处	206	49	338
公路营运车辆拥有量 / 辆	817271	372838	494084
公路客运量 / 万人	60269	29013	32632
公路货运量 / 万吨	172140	38708	44200
内河航道通航里程 / 千米	413	1456	5098
码头泊位 / 个	6	31	135
水路货物运输量 / 万吨	13439	193	1245
水路旅客运输量 / 万人	504	188	372

数据来源：《中国交通年鉴2016》

---

① 韩立红.哈尔滨都市圈内城乡一体化问题研究 [D].哈尔滨：东北林业大学，2012.

总之，东北地区在经济基础、产业结构等方面各具特点。我国以行政区为边界的经济发展模式正在向以产业互动为基础的区域经济一体化方向转变。所以，在新一轮东北振兴的大背景下，加强东北地区的经济联系，大力发展联合协作，实行优势互补，促进资源优化配置，推动区域经济一体化，将有利于产业的合理布局，促进产业关联和产业发展。

3. 国家政策的支持是东北区域经济一体化的有力保障

党的十六大之前，对东北老工业基地的调整和改造一直是一种部门层次的战略，党的十六大报告提出"支持东北地区等老工业基地加快调整和改造，支持资源开采型城市发展接续产业"[①]，明确把振兴东北老工业基地提升到国家战略层面。实现东北振兴要走协调发展的道路，已经成为共识。2003 年 10 月，中共中央、国务院颁布了《关于实施东北地区等老工业基地振兴战略的若干意见》，标志着东北振兴战略的启动和实施。2004 年 6 月 26 日，东北三省在长春签署了东北三省人才市场一体化合作框架协议书，这不仅是国家加快东北地区经济一体化进程，实现优势互补、共同发展的重要举措，也是加强东北三省区域合作的重要契机。根据《中共中央关于制定国民经济和社会发展第十一个五年规划的建议》和国务院 2005 年工作要点的要求，振兴东北办和国家发改委组织编订了总体规划，提出了"十一五"期间东北地区进一步发展的整体定位，确定了区域发展的整体目标和重点，对区域社会经济发展做出了总体部署。2007 年，国务院正式通过了《规划》，明确了规划的范围，包括黑、吉、辽三省和内蒙古呼伦贝尔市、兴安盟、通辽市、赤峰市和锡林郭勒盟，并提出了将东北地区建设成为综合经济发展水平较高的重要经济增长极的战略目标。2014 年 8 月，国务院出台了《关于近期支持东北振兴若干重大政策举措的意见》。

---

① 江泽民.全面建设小康社会,开创中国特色社会主义事业新局面——在中国共产党第十六次全国代表大会上的报告 [J]. 求是，2002（22）：3-19.

2015年4月，李克强总理提出了"新一轮东北振兴"方针；2015年7月，习近平总书记提出了"增强内生发展活力和动力"的老工业基地振兴新思路。2016年，国务院召开东北地区等老工业基地推进会议，部署进一步推动东北振兴工作，通过了《关于深入推进新一轮东北振兴战略部署和加快推动东北地区经济企稳向好若干重要举措的意见》。这一系列的政策表明了党中央坚决支持东北地区发展的决心，为东北地区实现区域经济一体化提供了行动指南和可靠的政治保证。

4. 投资环境改善是东北区域经济一体化的重要保障

过去东北经济一直盛行"投资不过山海关"的说法，如今，东北投资环境持续改善，"投资不过山海关"的说法已经过时。近年来，东北各省市深化行政管理体制和机构改革，为创造和改善良好的投资环境打下坚实的基础。辽宁省出台了全国第一个《优化营商环境条例》，并建立了省营商环境建设监督局，以制度创新推动投资环境改善；黑龙江省取消下放省级行政权力942项，权力清单精简71.2%；吉林省取消省级非行政许可项目审批，审批时限缩短50%；长春市精简了70%的行政审批项目；哈尔滨市所有市级自设行政事项实现"零审批"，建设项目审批时限最短为17个工作日；沈阳市对照世界银行标准，聘请第三方机构对企业每年进行营商环境评估。从投资者角度来看，东北地区投资环境取得明显改善。海外各企业投资主体纷纷到东北投资、开展业务，对政府的投资支持政策表示高度认可。据统计，2017年上半年，东北地区新登记企业数量达15万家，同比增长19.2%，增速位居全国四大板块之首。一些城市增速尤为突出，如目前长春市全市登记各类市场主体突破60万户，3年翻了一番，平均每3.3分钟就新增一户企业；上半年沈阳市新增市场主体7.6万户，增长54.2%[①]。

---

① 邱海峰. 东北投资环境持续改善 [N]. 人民日报（海外版），2017-08-26（003）.

由此看来，东北地区经济发展呈现向好势头，外资和新增企业的快速增长也表明东北地区投资环境得到了较大改善，国家出台的一系列扶持东北的优势政策为东北地区投资环境的改善和经济的全面振兴打下了坚实的基础。今后，东北地区应当继续发挥自身优势，发掘新兴技术产业发展的潜力，同时，加大机制体制改革力度，努力缓解经济发展过程中存在的突出矛盾，争取吸引更多的境内外投资，促进东北经济全面振兴。

5. 区域共同体意识较强是东北区域经济一体化的内在动力

"东北人在思想认识、生活习惯、区域发展定位等方面都已形成区域共同体意识。"[1] 一方面，东北地区地域相连，生活风俗习惯相似，人缘相亲，能够很好地实现交汇和融合。蒙东地区（除锡林郭勒以外）从 1969—1979 年曾划归东北三省管辖 10 年，因此蒙东地区与东北三省有着良好的社会历史基础。另一方面，东北地区要求进行统一规划，加快东北经济一体化进程，实现优势互补、共同发展的愿望越来越迫切。东北地区之间的经济发展合作步伐大大加快。早在 2004 年，内蒙古自治区及蒙东地区的党政领导、企业家到黑龙江、吉林、辽宁三省进行了为期 10 天的考察，带回了 180 多亿元的经济合作成果，推动了蒙东地区与黑、吉、辽三省经济融合的进程。2005 年开始，黑、吉、辽三省人民政府主办中国东北文化产业博览会，此后文博会每两年在沈阳举办一届，以此为契机，促进了东北三省文化事业和文化产业的发展。2015 年，吉林省委书记巴音朝鲁一行赴黑龙江省学习考察，考察了哈尔滨华南城和群力新区，了解华南城的基础业务、商业运行模式等情况，并对华南城的多元功能表示赞赏。2018 年11 月 24 日，吉林与黑龙江两省召开经济合作交流座谈会，双方致力于建立多层次战略合作关系，全面加强重点产业合作，助力新时代东北振兴。

---

① 曹洪滔,刘海军.以区域协调发展融入国内国际双循环[N].辽宁日报,2020-10-27（005）.

2018 年 10 月 20 日至 10 月 21 日，为推动东北三省一区智库合作走向深入，在牡丹江召开了推进新时代东北全面振兴研讨会暨东北三省一区社科院院长联席会议。2018 年 12 月 2 日，辽宁省和吉林省在沈阳举行了经济合作交流座谈会暨签约仪式，双方希望借此机会，推动合作纵深发展，促进区域协调发展，加快构建吉辽协调发展新格局。

（二）东北区域经济一体化发展面临的不利因素

实现东北地区全方位振兴的重任，要求通过区域相互协调合作，加快区域经济一体化进程，实现优势互补。近年来，东北地区在区域经济一体化方面取得了一定的发展，但是从区域经济协作的现状来看，区域经济一体化仍然存在不足。推进东北区域经济一体化，还存在许多亟待解决的矛盾和问题，归纳起来，主要表现在以下几方面。

1. 地区本位思想和地方保护主义严重

"地区本位思想是指地方政府及其领导人为了实现行政区域内的经济利益最大化，在经济发展中从本位主义的角度出发采取相应的措施、策略的一种行为原则。"[①] 对东北地区来讲，走区域经济一体化道路，进行区域内部整合，必将对各行政区近期的发展造成一定的影响，区域内经济相对落后的地区，将在分工中处于不利地位，进而更加固了地区本位思想，阻碍了区域经济一体化的进程。在我国，有行政区经济的说法，也就是各级政府按行政系统和行政区划来组织经济活动，这也是我国经济发展最重要的特征之一。行政区域内的经济资源受制于政府的干预，各地方政府间的行政政策缺乏衔接，带有浓郁的地方保护主义色彩。在社会主义市场经济转型的过程中，东北地区仍然受计划经济思想的影响，期望通过计划手段实现产业优化配置的愿望还比较强烈。另外，部分地区还存在一定的地方保护主义，当地方与地方间存在经济利益摩擦和冲突时，各地方政府为

---

① 马林，曹阳.东北经济区区域协作论 [M].大连：东北财经大学出版社，2009：160.

了争取地方利益最大化，往往以行政区为依托，构筑各种壁垒，阻碍区域内经济要素的自由流动，破坏公平竞争，加剧了区域经济的封闭性，最终损害了区域内整体利益。地区利益造成各子区域展开争夺各种生产要素的不正当竞争，形成所谓的"行政割据""诸侯经济"，各自为政，独立发展，使得各种生产要素不能按照市场经济规律优化配置。地区本位思想和地方保护主义的存在容易导致地区之间的关系紧张和封闭发展，是阻碍东北地区推进区域经济一体化的主要障碍之一。解决行政区域协调和一体化问题，要加快推进政府职能转变，摆脱地方本位思想和地方保护主义思想，从而使原材料、资金、技术、人才等各种生产要素跨区域自由流动和优化配置，真正实现高度的区域协作，实现真正的区域经济一体化。

2. 产业结构矛盾突出

新中国成立初期，根据东北地区丰富的矿产资源，重点建设了以原材料、机械等为主要内容的重工业体系，对轻工业发展的重视度不高，造成轻工业发展缓慢。经过多年的调整和改造，东北地区轻重工业比例相比之前得到了一定的改善，但仍然存在比例不协调的问题。目前，东北地区产业结构仍然老化、单一，企业淘汰率高，濒临生命周期，产业替代缓慢，产业结构矛盾突出。

一是资源型产品精深加工程度低。东北很大一部分产品经初级加工便走向市场，产业链条短、终端产品少、产品附加值不高，没有真正把资源优势转化为经济发展优势。黑龙江省"粮食总产量、商品量、调出量都是全国第一，但农产品精深加工方面还存在一定差距"[1]。黑龙江省的煤炭行业一直进行产品的粗加工，深加工率仅相当于全国的五分之一，产业层次处于较低的水平。从当前的实际情况来看，资源能源、机械工业是东北

---

① 黑龙江省长亮农产品"家底"：产量全国第一，精深加工还不足 [EB/OL].https: // baijiahao.baidu.com/s?id=1643902544824955886&wfr=spider&for=pc，2019-09-06.

地区的强势产业，但是在目前的价格体系中，这些基础工业部门的产品价格偏低，从而使东北地区在竞争中处于不利的地位。二是产业同构现象比较明显。产业同构也称产业趋同，是指在经济发展过程中，不同区域间的产业结构的演进趋势高度相似，结构差异逐渐缩小，虽然短期内能够促进经济的快速发展，但是从长远来看，这种产业结构的趋同会加剧区域内的竞争，影响区域协同合作，严重阻碍经济的发展。东北地区受计划经济的影响，各子区域之间产业同构的现象比较明显，再加上各子区域地理位置相邻，经济基础和资源条件相似，产业同构不可避免，大量的重复建设与长期零和博弈弱化了规模效益，降低了运行效率，阻碍了产业升级，职能分工不明，使得区域内各省经济发展战略趋同。绿色食品加工业、能源工业、金融业、房地产、住宿餐饮等产业的相似度较高，具有较大的同构性，这说明东北地区因产业同构导致的竞争内耗过大，造成各种资源的巨大浪费，进而降低了区域的整体竞争力。产业发展是区域经济运行的基础，东北地区需要走一体化发展道路，统一规划和部署，有效解决区域内产业同构的问题，进而助力东北全方位振兴。三是非国有制经济比较脆弱。东北地区国有大中型企业数量较多、资产规模较大，其国有经济总产值占全部工业总产值比重也比较大。近年来，随着改革开放和市场经济的不断深入和发展，非国有经济不断壮大，得到了蓬勃的发展。但与沿海地区相比，东北地区的非国有经济起步晚、规模小、发展缓慢、水平低，明显处于落后状态，在国内生产总值中的份额仍比较小。四是支柱产业断层。东北地区的经济开发是在丰富资源基础上建立起来的，因而，煤炭、铁矿、石油与天然气等采掘业和原材料工业一度是东北经济的主要支柱产业。随着资源的枯竭，东北地区在发展过程中面临着前所未有的困难和挑战，过去的支柱型产业将不再作为支柱型产业，逐渐被其他产业代替。但从实际情况看，一些替代产业的成长需要经历一个长期发展过程，目前还很弱小，没能成长为新的支柱产业；而原有的支柱产业与时代发展要求不符，已经逐渐步入衰退期，丧失了应有的作用，从而导致产业衔接错落不齐，出现了支柱产业断层的现象。以黑龙江省为例，煤炭行业一直以来在黑龙江的经济发展方面发挥着巨大的促进作用，但是自 2012 年开始，煤炭市场供需格局发生了重大变化，黑龙江煤炭行业陷入了严重的困境，已经成为经济增长的"缩面"和"死面"行业，而黑龙江高新产业较少，以高新产业为龙头的现代工业体系还没有建立起来。

3. 经济体制转换滞后

制约东北经济一体化的原因是多方面的，但体制问题是症结所在。"东北是进入计划经济体制最早、退出最迟最慢、受影响最深的地区"[①]，致使市场经济意识淡漠，经济体制转换滞后。

国有企业改革尚未取得重大突破。国有经济是东北经济的主要力量，只有搞活国有企业，才能实现东北经济再振兴。东北的国有企业大多是从中华人民共和国成立初期逐步形成并成长起来的，为国家上缴了相当数量的税收，为国家的经济发展与国防安全作出了不可磨灭的贡献，是计划经济时代经济发展的重要力量。随着改革开放的逐步展开和不断深化，以及世界局势经历深刻演变，我国的发展战略部署和经济格局都发生了重大改变，工业中心逐渐向东部沿海地区转移，东南沿海省份的非国有经济成分得到了迅猛的发展，经济实力得到极大增强。而与此同时，东北老工业基地国有企业的发展却没有跟上改革的步伐，暴露出的问题愈来愈多，无论是在体制上还是在思想观念上，与市场经济的不适应性愈加明显。一些国有大中型企业面临困境，自身经营机制不健全，企业历史包袱重，资金困难，亏损严重，现有业务未来无发展潜力。

新中国成立初期建立的大中型企业是典型的计划经济产物，为国家的经济发展和社会进步作出了重大贡献，但随着时间的推移，这些企业设备、

---

① 甄艳，刘力臻. 东北区域经济一体化初探 [J]. 当代经济研究，2006（04）：40-43.

工艺变得陈旧落后，产业层次偏低，生产的产品难以适应经济发展的需要，经济效益较差。特别是国有企业的管理体制、经济机制以及思想观念不适应市场经济的发展要求，改革相对滞后，尚未打开发展新局面。虽然国有企业改革力度与范围不断加码，股份制、融资、兼并、收购、破产、集团化等多种形式的改造重组都不乏成功的范例，但从实际效果看，改革进度并不理想，慢于市场预期，似乎远未达到中央要求和社会期待，经济体制转换滞后于市场条件和外部环境的变化。许多企业从转换经营机制入手，积极调整经营结构，探索转变发展方式、进入市场的新途径和新方法，取得了初步成效和较大发展，但是国有大中型企业进入市场还有许多问题和矛盾亟待解决。

各种经济杠杆运作不够协调。东北地区经济运行和收入分配缺乏有效制约管理的机制和办法，阻碍了公平竞争环境的形成。可以看到，东北地区相对于东南沿海地区市场体系发育比较滞后，致使一些改革措施发挥作用受限。除此之外，东北地区现行体制机制存在弊端，区域内结构性矛盾突出，如地区、部门之间条块分割、自成体系，不可避免带来了重复建设、盲目生产、流通堵塞、壁垒森严与相互牵制等问题，直接影响东北地区经济一体化发展的进程和效果。

4. 跨区基础设施建设落后

对于区域经济一体化而言，跨区的基础设施建设是保证其发展建设的重要前提，同时跨区基础设施的建设也是促进区域经济发展的重要基础。目前，东北地区在这方面缺少应有的协调机制，在基础设施一体化方面存在着较为突出的问题。东北地区的交通设施以及基础建设发展并不均匀，相较而言，由于地区性的原因，辽宁省的基础设施较区域内其他地区相对便捷。从整体来看，区域内铁路、公路、航空、港口、口岸等交通运输还未形成一个整体，综合交通运输网还未形成，目前还存在各种运输路线与运输形式不整合的问题。黑、吉、辽三省与蒙东地区的联结线路质量差、等级低，不利于两个大的地域之间的联系。如辽宁向赤峰方向的锦朝高速公路到了朝阳变成了低等级公路，哈尔滨至满洲里方向的高速公路到齐齐哈尔变成了 301 国道。黑、吉、辽三省各自形成了以省会为中心、其余重点城市为骨干的交通运输体系，而在三省边缘与联结处的交通运输线路则被弱化和边缘化，线路工程质量低。区域内主干交通路线还有断头路，多年来没有打通，省区交界处公路等级下降，水利设施落后。跨区基础设施建设的滞后，基础设施区域统筹整合不到位，一定意义上限制了区域物流基础设施的合理布局，阻碍了各地区经济的相互交往和区域市场一体化发育，加剧了区域发展的不平衡，影响了区域资源的合理配置，进一步激化了区域矛盾冲突和地方保护主义情绪。这是区域经济一体化发展进程中亟待解决的问题。

5. 区域经济发展水平存在差距

改革开放以来，东北地区的经济取得了较快发展，但是由于各方面的矛盾，使得东北地区在全国的地位不断下滑，老工业基地昔日的雄风荡然无存。在经济一体化的发展过程中，地区之间的经济发展水平差距较大。由于多方面的原因，蒙东地区与黑、吉、辽三省在发展水平上存在一定的差距，同时，黑、吉、辽三省在其自身的城市基础建设上也比蒙东地区更加完善。东北地区的一体化发展在规模、范围与水平上都受制于区域经济发展整体水平。一是地区内部在产业关联上较为单一。从经济一体化的互补性与竞争性方面来看，蒙东地区与黑、吉、辽三省的经济互补主要体现在蒙东地区的能源和矿产资源的优势方面，在重工业和制造业方面区域内部存在着竞争的一面。这种单向的产业关联使经济水平较低的一方处于不利地位，结果必然要求提高合作的利益分配比重，从而提高了区域一体化的成本，影响区域一体化的深化发展，区域经济发展水平差距也就不断加大。二是蒙东地区承接能力较弱。黑、吉、辽三省的制造业具有优势，资源密集型产业比重较高。在新一轮东北振兴中，黑、吉、辽三省走新型工业化发展道路，把一些高耗能以及资源密集型产业向能源丰富的蒙东地区转移，是一种合理互惠的双赢选择。但是由于蒙东地区经济发展水平较低，无法吸引更多的投资者前来投资，人才资源、技术水平和黑、吉、辽三省有较大的差距，产业配套能力和承接能力较弱，尤其技术含量较高的制造业的转移受到经济发展水平的制约，区域一体化的合作层次难以快速提高。三是合作规模受到限制。蒙东地区发展水平仍然较低，经济总量和规模较小，产业部门与黑、吉、辽三省相比还较为单一，结构层次较低。在区域经济一体化过程中，合作伙伴之间经济发展的不平衡将加大一体化的困难，在经济领域合作规模的扩大有赖于蒙东地区经济的快速发展。

6. 缺乏有效的区域协调机构

区域协调机构的主要功能是协调区域内各方利益，推进区域合作，消除矛盾或冲突，实现人力、物力、财力、时间等的优化配置，使之形成一个有机整体。欧盟是区域经济一体化的典型组织，内设欧盟理事会，由欧盟成员国国家元首或政府首脑及欧洲理事会主席、欧盟委员会主席组成，是欧盟的主要决策机构之一，其关键职能包括协调成员国的总体经济政策。欧盟理事会的存在使得区域内经济能够有序发展。反之，如果没有协调机构，就无法解决好行政区和功能区错位问题，区域经济就会一直处于无序的、各自为政的发展状态，就不能形成合力，无法实现资源合理配置，区位优势也将无从发挥。

东北地区长期以来缺乏一个有效的区域协调机构，各自为政的现象突出，地方政府主导型的发展模式并没有实质性改变，经济运行仍然过于强调行政作用，条块分割严重，地区间协调困难，省份、城市、企业间存在恶性投资项目竞争。各行政区仅从自身眼前利益出发，造成区域内产业结构趋同、整体竞争力不强、重复建设、资源浪费等问题，制约了东北实现真正意义上的一体化。尽管黑、吉、辽三省及内蒙古之间签署了一系列区域性合作的框架协议，三省一区之间横向联系无论在深度还是在广度上都有一定程度的提高，但始终带有强烈的地方保护主义色彩。在各级地方政府追求自身利益最大化动机的驱使下，对一些跨行政区划的区域性发展问题仍然难以达成共识，比如区域生态环境保护、污染的治理，公共健康问题，区域基础设施的共建共享问题，资源的合理配置问题，这些问题仅仅依靠某一独立行政区的努力无法解决，因此，地区间的分工与协作就显得十分重要。缺乏有效的区域协调机构，区域经济一体化的效果将会大打折扣，容易出现资源的争夺、环境的跨区污染等现象，威胁区域经济的可持续发展。在推进区域经济一体化的过程中，建立有效的沟通协调机构必不可少，还要将相关的责任和义务以法律的形式确定下来，从而推动一体化合作内容的规范化和法律化。

7. 传统生产方式仍居主打地位

转变经济增长方式是老问题新课题。由于历史的原因以及传统经济管理体制的制约，东北地区一直没有提出有效的解决方法。自改革开放以来，我国经济高速发展，科技突飞猛进，但是经济发展中的问题和矛盾还有很多，长期形成的增长方式粗放的问题仍然突出。东北经济增长尚未摆脱粗放型经营发展方式，传统因素多，现代成分少；资源消耗、投资多，技术含量、收益少。粗放式增长方式严重制约着我国经济的发展，是当前经济生活中许多矛盾和问题的症结所在。从总体上看，经济增长方式落后是影响东北地区经济发展的一个突出问题，主要体现在以下三个方面：

一是经济管理粗放问题比较普遍。东北地区在生产建设和流通的各个领域普遍存在资金周转慢、占用量过大、损失浪费多、经济效益低的问题。

二是技术进步对经济增长贡献率低。当前，在东北，影响科技成果转化为现实生产力的障碍还很多。首先是观念障碍。1988年，邓小平同志提出了"科学技术是第一生产力"的重要论断，但是人们的思想观念却还没有完全转到"科学技术是第一生产力"上来，科研人员重论文，轻技术、轻研究；企业缺乏主动拉动科研成果的积极性。这种观念障碍，使科技难以转化为现实生产力。其次是体制障碍。目前的科技体制使整个国家的科技资源分布还存在不合理之处，仍有大量科学家和工程师集中在企业之外的科研机构。科研机构各自为战，自成体系，独立进行应用系统的研制和开发，缺乏应有的协调；而企业的科技力量十分薄弱，这就使科研与生产缺乏有效融合，直接导致科技与经济分割，阻碍了科技成果向现实生产力的转化。最后是投入障碍。由于东北地区对科技研究、开发、应用的投入不足，且投入比例又不适当，所以阻碍了科技成果向现实生产力的转化，科技对经济增长的贡献率与东部沿海地区有一定差距。主要表现为企业对国内外先进技术缺乏吸纳和再创新能力，产品科技含量低，产业链条短，附加值少；缺少明星企业与名牌产品，产品缺少创新和定位，产品竞争能力差。由于部分企业经营者观念滞后，缺乏现代企业管理的经营观念，劳动者素质也有待进一步提高，所以经济建设和发展还没有真正转到依靠科技进步和提高劳动力素质的轨道上来。

三是东北地区相对封闭落后。市场经济是开放经济，高层次、全方位的对外开放条件是市场经济体制完善和经济发展的重要保证。改革开放以来的实践证明，哪里对外开放早、推进的力度大，哪里的发展就快。由于体制和地缘的原因，东北是封闭发展较为久远的地区之一，人民的思想较为封闭，不善于从开放中寻找自己的发展之路。从一定意义上来说，这是东北经济发展缓慢的重要原因。

8. 文化与思想观念障碍

由于社会实践活动各不相同，生活在不同地域的不同民族，特别是处于不同发展水平的地区存在着文化与观念的差别，影响了不同区域之间的沟通与合作，给区域协调发展带来障碍。东北老工业基地振兴战略以及新一轮东北振兴的重大决策，给东北地区带来了新的机遇，然而，与北京、上海、广州、深圳、杭州等较发达地区相比，东北地区差距明显。造成这一差距的原因很多，但最重要的还是观念的差距以及文化的差异。实践证明，推动经济发展要有科学的发展观，发展观实际上就是人们思想观念和思维方式。东北地区幅员辽阔，地域差异较大，民族众多，经济发展水平不同，区域内各子区域差异是存在的，这些文化、理念上的差异会给不同地区不同企业之间的沟通与合作带来困难。此外，由于受地理环境、历史文化以及计划经济体制的影响，东北的思想受到严重束缚，与时代要求不符，而新的观念、新的思想又无法很快被接受。思想观念滞后，跟不上改革开放的时代步伐，容易错失良机，与东南沿海地区差距越来越大。因此，我们必须要进行深刻反思，解放思想，实事求是，与时俱进，充分认识自身不足，紧跟时代的步伐。

第三章

国内区域经济一体化建设的经验

区域经济一体化是当今世界发展的趋势所在，是推动区域协调发展的必然要求，能为区域分工协作带来更高水平的经济效益，提供不可或缺的交通网络等硬件条件，以及跨区域自由贸易和交往的统一市场等软件条件。东北地区作为全国经济的重要增长极，能源多样且储量较高，农业生态圈完整，已形成比较完整的工业体系和国民经济体系，但在当今的社会经济发展环境下还面临着诸多困难，如何克服困难、抓住机遇已成为振兴东北迫切需要解决的问题。东北区域经济一体化建设是当前国家的经济发展重点之一。因此，深入总结长三角、珠三角、京津冀、粤港澳等国内以及东京都市圈、美国城市群等国外区域经济一体化建设的有益经验，并以此作为东北区域经济一体化建设的参照系，对于推动东北经济发展、加快振兴步伐具有重要意义。

一、长三角区域经济一体化发展的经验启示

长三角地区是推动我国经济发展的重要引擎，长三角地区的一体化建设随着时代的发展逐步上升为国家发展战略，这和其独特的区域优势和发展经验息息相关，长三角地区统筹规划不同区域的发展方向，以此实现区

域之间经济的协调发展。我们要深入分析长三角地区的区域经济一体化发展的经验及启示，为实现东北地区经济的快速发展而助力。

（一）交通基础设施互联互通，加强区域间的合作联动

基础设施建设特别是交通基础设施的贯通与连接是各个都市圈经济快速发展的基础和保障。新中国成立以来，就在不断探索、发展和完善基础设施的建设。在科学技术和人工智能等高新技术的带动下，交通基础设施的建设更上一层楼。交通网络的建立不仅缩短了区域之间交往与沟通的距离，同时也改变了人们的生产生活方式，为区域经济协调发展提供了更新的载体。交通的便利促使区域间的资源得到充分的流动，区域之间的社会经济活动密切联系。经过多年的大规模和高质量的发展建设，长三角地区的基础设施已经取得了重大成果，在总量上处于全国的领先地位。长三角地区作为我国重要的经济发展贡献区域，其交通基础设施也在高质量地发展与完善，交通基础设施的建设为人们提供了更加便捷高效的出行服务，也为推动长三角地区更高更快的经济发展奠定了坚实支撑。

第一，坚持开放互通，全力织密公共交通"一张网"。实现交通一体化是长三角地区经济发展的先导和前提。长三角区域一体化在探索和实践的道路中逐步上升到国家战略层面，多层次的城际铁路、方便快捷的高速公路等交通运输方式成为其一体化的发展动力，推进了长三角地区企业的深度融合和高质量发展，运输服务的水平得到显著提升。长三角地区建立了以城际间的铁路网、高速公路网、跨江跨海通道等为主体的城际快速交通网络，缩短了城市与城市之间的距离，使分散的城市之间有了更进一步的联系，形成了城市与城市之间连接成一张网的状态，加强了区域之间的合作和交流。

第二，坚持协调发展，构建城市内部方便快捷的系统。南京、上海和杭州等大城市已经和相邻的周边城市建成了城市交通体系，这些体系主要以轨道和公共交通为主，而中小型城市则构建多种运输方式并行、低碳绿色的城市公交系统，做好中小城市和大城市交通系统的有效衔接。长三角地区通过大规模建设，城市间的交通服务水平和功能在不断改进和完善，区域间的合作也愈发密切。长三角区域内部坚持协调发展，加强区域的经济合作，更进一步促进区域的交通基础设施一体化。

第三，坚持示范引领，全力构建交通出行"一卡通"。为进一步加强区域合作交流、方便区域广大旅客出行、提升区域城市管理水平，长三角推出了交通出行"一卡通"，对区域经济一体化、交通一体化、旅游一体化具有重要的先导作用。目前，上海、杭州、宁波、温州、合肥、南京、苏州七城实现了一"码"跨城坐地铁，同时还推进公交系统智慧建设，为乘客提供实时查询、路线查询、站点查询、出行规划查询、停班减班等信息，加快了长三角地区公共交通智能一体化步伐。

区域内的基础设施发展水平对区域的经济增长有着重要的影响，交通基础设施是地区经济发展的重要载体，长三角始终坚持示范引领，加强区域间的合作交流。现阶段长三角地区的内河航道、公路与铁路等交通方式已经达到较高水平，同时还拥有密集的港口群和机场群。交通一体化的步伐不断加快，促进各个交通要道之间密切联系的方式也在不断改进，进一步加强基础设施之间的互联互通和共享，是当前长三角地区正在采取的措施。

东北地区作为我国重要的农业和工业基地，加强其交通基础设施建设也是关键的举措之一。自改革开放以来，东北地区的交通基础设施建设取得很大进步，但是和长三角地区对比来看仍然有较大的差距，我们要借鉴长三角地区在交通基础建设中积累的经验，提升东北地区的交通基础设施建设。第一，要统筹好东北地区的协同发展，建立统一的发展规划，为当前东北地区在交通基础设施建设过程中存在的问题提供解决方案，特别在规划体系上，从中心城市到周边城市、从大城市到小城镇，按照层次分明和互相衔接的方式，不断完善交通规划体系，促进东北地区交通运输业的繁荣发展。第二，要借鉴长三角地区在交通基础设施建设过程中对重点领域建设的方式，促进东北地区交通建设的进一步发展。东北地区要加强运用三省中各个中心城市优越的地理位置，来推动中心城市与周边城市的紧密结合，围绕产业基地和东北地区的资源分布情况加快建设高速公路网络。第三，加强沿海枢纽港口建设。尽快形成以大连和营口为主的枢纽港，丹东和锦州为地区性的重要港口；加强集装箱码头的建设，加快大型专业化原油、铁矿石码头的建设以及出海深水航道的建设；改善内河航行条件，重点实施松花江航道梯级开发工程。

（二）推动产业和创新深度融合，促进产业结构优化升级

现阶段我国的经济已经由高速增长阶段向高质量发展的阶段转变，特别随着城市化规模的不断扩大，我国的城市化到达了一个更新的发展阶段。十九大报告提出，促进经济结构的优化和经济增长方式转变的重大着力点就是要推动产业结构的升级，"产业结构的升级，一是以工业化推动，二是以城市化推动"[①]。长三角地区在改革开放之后已成为我国最具有增长潜力和活力的区域之一。

一方面，推动产业和创新高效融合。在国家的高度重视和政策的大力支持下，长三角逐步形成了以高新技术产业为前提，传统制造业和现代制造业交互发展、以基础产业为支撑而全面发展的产业格局，进一步转变了长三角的经济发展方式，促进产业结构优化升级。"三省一市即浙江、江苏、安徽和上海合力一起打造重大科技基础设施集群，跨行政区之间的协同创新发展得到进一步深化，促进了区域间的创新要素自由流动和资源的高效配置，实现长江三角洲地区的科技联合发展和资源的开放共享。"[②]加强长三角区域内的创新资源充分结合与利用，实现区域内的资源优势互补，

---

① 习近平.决胜全面建成小康社会夺取新时代中国特色社会主义伟大胜利——在中国共产党第十九次全国代表大会上的报告 [N].人民日报，2017-10-28.

② 唐亚林."都带融合发展战略"：新时代长江三角洲区域一体化的战略选择[J].南京社会科学，2019（05）：85-94.

不断实践和探索，努力建成具有全球影响力的科技创新区域，为国家的经济持续健康发展奠定基础和作贡献。以上海作为经济发展中心城市的长三角地区利用其地理位置的优越性，充分发挥了上海作为自主创新示范区的引领作用，进一步加强和杭州、苏南等国家自主创新示范区的合作，一起携手打造创新平台，发挥对外经济贸易中心城市的优势，带动其他地区的经济文化创新发展。特别是长三角地区三省一市在 2016 年共同签署了《沪苏浙皖关于共同推进长三角区域协同创新网络建设合作框架协议》，这是推动区域之间协同创新发展的关键之举。

另一方面，产业结构进一步优化。长三角地区是改革开放的前沿阵地，也是我国最具发展活力的地区之一。中国特色社会主义进入新时代，长三角地区的产业结构进一步优化升级，出现了第一产业、第二产业的比重在下降，第三产业比重在逐步上升的良好发展态势。根据国家和省市的统计公告，在 2005 年时，"长江三角洲地区集中了全国 22.37% 的国内生产总值，25.48% 的第二产业增加值，22.45% 的第三产业增加值，36.69% 的进出口总额"。物流服务业、金融服务业等各类服务业也是长三角地区的主要增长点。服务业的发展较为突出，这是拉动长三角经济增长的主要产业之一。其产业体系也在发展中得到完善，长三角以创新作为导向，构建以现代服务业为主体、先进制造业为支撑和新兴产业为核心的现代产业体系。长三角城市群发展的速度进一步加快，充分考虑不同城市的发展情况和地域优势来实行产业互补，实现区域内经济、文化协同发展与共赢。一方面，长三角打造了有区域特色的产业。例如，"浙江结合区域产业基础和资源禀赋，以产业转型升级为导向，龙头企业大力发展智能网汽车和新能源等领域的战略布局，促进产业协作与融合发展"[1]。同时，注重产业间

---

① 朱伯伦."大城小镇"协同发展影响因素与路径——基于浙江特色小镇建设的实证研究 [J]. 学术论坛，2018，41（01）：116-121.

的衔接，充分发挥整体优势，整合资源，探索长三角的全方面发展新模式。另一方面，上海作为长三角城市群的核心城市，其国际经济、金融、科技创新和文化等方面的发展在中国经济贡献率上有举足轻重的地位。长三角拥有丰富的人才资源、较多科研机构和大学，这些优势可以提升其自主创新能力，促使经济得到质的发展。

东北地区的产业结构也随着改革开放的步伐进一步加快，国内生产总值呈现出上升趋势。自 1978 年以来，东北地区第二产业结构占据主导地位，第一产业和第三产业所占的比重也在不断调整和变动，但与长三角地区的产业结构相比，东北地区需要进一步加强与完善。东北地区是以资源型为主导的老工业基地，在社会经济快速发展过程中由于水土资源开发利用和配置不当造成环境污染、资源枯竭、生态破坏，这给东北地区发展经济带来了隐患，我们要加强东北地区的资源节约和合理利用，采取有效措施，减少资源的浪费。除此以外，东北地区要借鉴长三角地区在促进产业结构优化升级过程中的经验，推进高新技术产业的快速发展。东北地区出现各类开发区，为高新技术产业发展提供了重要空间载体。东北地区要加大发展高新技术产业，提高东北地区的产业结构层次，激发产业结构转化的活力与动力。东北地区的企业组织也出现跨地区、跨行业的企业集团，采取这些举措为东北地区的企业重组和优化、区域间的产业结构调整提供了全新的途径，提高了经济效益，使东北地区的经济呈现出良好的发展势头。

（三）打破市场分割状况，提升企业之间发展格局

经济区域一体化的重要标志之一是要建立统一的市场，打破市场的分割状况和行政体制的各项束缚，促进区域之间的技术、人才、信息和资金等要素的流动与协同融合。在社会主义市场体制下，市场在资源配置中起决定性作用。随着长三角地区的城市群影响力不断提升，促进了江苏省、浙江省、上海市与安徽省的密切联系，加速了长三角地区市场一体化的进程。

一方面，商品市场的一体化推进速度加快。长三角地区凭借飞速发展的互联网技术在商品销售领域的广泛应用，推进了商品市场一体化的发展。《国务院办公厅关于积极推进供应链创新与应用的指导意见》的颁布，加快了长三角一体化产业链供应链大数据平台的建设，提升长三角产业链供应链稳定性竞争力。同时出台了相关的意见建议，推动长三角地区在钢铁、机电设备、汽车和物流资源等方面的建设，实现了地区商品交易市场的网络化发展。加强统筹谋划，在产业合作、科技创新等方面推进一体化合作，特别在浦东新区开发以来，长三角地区的合作发展需求不断增强，建立了区域协调组织的领导机制，为推动长三角地区的深度合作提供了组织保障。另一方面，要素市场的一体化稳步提升。长三角地区是创新能力最强、最吸引人才和经济最具活力的区域之一，处于长江经济带和"一带一路"的交汇口，在国家的全方位开放格局中也有重要的战略地位。推动长三角地区的要素流动，是区域一体化发展的趋势，也是提升竞争力的必要条件。当前，长三角地区"三省一市"的人才市场网站得到进一步连接，共同携手打造人才交流市场，强化人才资源的有效利用和服务协作。同时，长三角地区还搭建起企业和金融机构的合作平台，降低了企业的融资成本，带动了城市与城市之间的经济发展，营造了良好的合作环境。同时，长三角地区以技术的研发与共享平台为抓手，推进了长三角地区的技术市场一体化。长三角地区也没有放松对乡镇之间的发展，例如，江苏省以解放思想为先导，以农村工业化为突破口，以农民增收为核心，大力发展乡镇企业，坚持深化推进农业经济制度改革，不断增强农村经济发展活力。

近年来，东北地区经济发展与打造国家重要经济支撑带的战略定位以及保持中高速增长的战略目标存在较大的距离。推进新一轮东北振兴是当前国家发展的重点任务，借鉴长三角地区在市场一体化建设的相关经验是促进东北的经济发展必要手段之一。东北地区在经济基础和发展条件等方面也存在差异。因此，我们要从改革顶层设计、改善政府体制、培育市场观念、转变政府职能等方面入手着力建设完善的市场经济体系，这是东北地区提高市场化水平的有效对策。

东北地区是我国原材料和重型制造业的生产基地，一方面，我们要加强顶层设计，根据东北地区发展现状制定能推动其一体化建设的规划，同时也要加强东北地区与各行政区之间的协调发展，提高市场改革的质量，更快更完善地推进东北地区市场化进程。另一方面，政府要加强统筹规划，对重点产业的扶持力度进一步加大，为重点企业和产业制定相应的扶持政策，全方位促进产业结构调整。要转变政府职能，构建有活力的市场环境，深化体制改革，推进建构以法治建设为基础的良好市场环境。政府要给予充分的重视，坚持不懈地努力推进东北地区市场经济发展。

二、珠三角区域经济一体化发展的经验启示

珠三角地区是我国综合国力和创新能力最强的三大城市群之一，是具有全球影响力的先进制造业基地、现代服务业基地、全国科技创新与技术研发基地、中国参与经济全球化的主体区域、全国经济发展的重要引擎。当前，珠三角地区以超常规的速度创造了举世瞩目的发展奇迹，已成为推动中国经济社会发展的强大引擎和重要的增长极，并成为世界知名的出口基地，初步形成了以家电、科技为主的企业群和产业群。2019年《粤港澳大湾区发展规划纲要》的正式公布，表明粤港澳大湾区建设进入了一个全新阶段，粤港澳大湾区与珠三角地区密切联系与合作，运用自身优势持续推进区域经济一体化进程。我们要总结珠三角地区和粤港澳大湾区经济发展的原因和条件，为实现东北地区经济的繁荣发展积累宝贵的经验。

（一）新型工业化和信息化高度融合，实现全方面城乡协调发展

新型工业化和城市化高效互动，推动新型工业化与城市化之间契合发展是珠三角地区经济发展的特点之一。自改革开放以来，珠三角地区通过优惠政策迅速推进农村的工业化和城市化进程，加快推进了珠三角地区的

经济发展。珠三角地区的工业合作进一步加深，形成了以优势互补为基础的"前店后厂"式跨境一体化生产与服务的综合经济体系，并全力推进新型工业化进程，结合先进的科学技术和创新手段，形成新型工业化聚集区域。新型工业化与传统工业化的区别就在于新型工业化是在互联网迅猛发展的背景下运用信息化，促进信息化与工业化的紧密结合。

第一，加强工业合作，推动信息化全面开展。我们要借鉴珠三角区域内新型的工业化建设水平条件，为深入推进各个地区的信息化奠定物质基础。改革开放之初，珠三角地区凭借着先行一步的制度创新优势、毗邻港澳的地缘优势和社会文化相通的人文优势，承接了港澳地区制造业的转移。香港和澳门将劳动密集型制造业转移到珠三角地区，开启了港澳与珠三角区域的经济合作，以超常规的速度创造了举世瞩目的发展奇迹，成为推动中国经济社会发展的强大引擎和重要的增长极。在"一国两制"的实践过程中，香港仍然是国际性的金融中心、航运中心和贸易中心，在全球的竞争力排名中依然排在前列。推动香港和珠三角的交流与合作，在全国经济社会发展和改革开放大局中具有突出的带动作用和举足轻重的作用。中国进入新时代，我国经济取得质的飞跃，包括"珠三角在内的地区其经济发展状况仍保持高速增长，它的城市化水平约为72.7%"[1]。广东省是城市化最高的地区，拥有世界级水平的城市群，同时在城市规划的带动下，广东省实现了城市与工业的相互融合与协调发展。珠三角地区以《城市规划纲要》为依据来建设城市和管理城市，推动了珠三角地区城市与城市之间的合作。

第二，促进信息工业化和城市化的互动。珠三角地区已经不是传统意义上的农村，已经基本实现了工业化和城市化的高质量发展。珠三角地区凭借

---

①司桂霞,徐长乐,秦可德.新形势下长三角区域经济转型升级的突破点与潜在增长点[J].科技管理研究，2014，34（20）：65-69.

地缘优势，积极承接发达国家的产业转移，从以前的以渔业、农业为主的区域发展成以第二产业、第三产业为主的经济发达城市群。在产业制造领域，不断优化产业结构，转变经济发展方式，同时还积极发展私营经济、个体经济等多种所有制经济，加快完善了工业化和城市化。工业化加速了非农产业向城市的集中，工业建设发展得越快，需要的劳动力也不断增多，这就加快了农村人口向城市转移的步伐。除此以外，工业化所带来的大机器生产为吸纳大量劳动力提供了条件，随着珠三角工业的蓬勃发展，越来越多的农民进城务工经商，推动了城市经济的发展，加速了城市化进程。

从经济发展的角度来看，珠三角的工业化和国际化始终走在前列，是我国城市化和信息化水平最高的地区之一，珠三角地区的城市化水平之所以迅速提高，是因为当地的工业化对城市化产生了巨大的推动作用。同时，珠三角的各个城市加强分工与合作，构建了以广州和深圳为核心的大珠三角城市群，这也是推动其经济发展的重要原因之一。另外，珠三角地区聚集了重要的科技资源，是现代服务业基地与先进制造业的地区，始终坚持国际金融、贸易、旅游与创新等方面的高质量发展，坚持高端发展的战略，在推进工业化的过程中还重点建设多层次的资本市场，充分利用现有资源，深入推进工业化和城市化协调发展。

（二）推进高新技术产业发展，实现产业高质量一体化

高新技术产业是国民经济的战略性先导产业，是实现各项事业创新发展的重要领域。高新技术产业在产品的研发、技术的创新中不断改善我国的经济增长方式，对产业结构调整和经济增长方式转变、国家的产业经济实力和竞争力的快速提升有重要的作用，已成为国家和地方实现经济振兴的重要途径。另外，高新技术产业有附加值高、技术含量高和收益高的特点，代表未来产业发展的方向，对传统产业的提升改造有着促进作用。

自1995年起珠三角地区在面对国际分工格局的重新调整时，再次抓住机遇，找准产业定位，发挥区域优势，取长补短，推动产业结构的优化升级。在市场经济体制不断完善的前提下，珠三角地区的民营经济在企业规模和经营范围上实现创新发展，特别是高科技的发展创新方面取得重大进步，外向型民营经济更是成为全省实施外向带动战略的生力军，民营经济在取得重大进步的同时也进一步拉动了珠三角地区县域经济的发展。现阶段，科技民营企业也成为珠三角高科技产业发展和技术进步的重要部分，发展科技民营企业使广东的民营经济产业集聚效益实现最大化。

第一，不断引进科技创新人才。培养造就一大批具有国际水平的战略科技创新人才是提高科技创新水平的重要措施。科技创新人员的创造力强弱在一定程度上决定了科技创新水平的高低。因此，珠三角地区加大人才引进力度，积极培育、引进和发展知识型人才，提高人才科技创新的能力，在培育人才的同时培育科研院所、高等院校等知识型机构与组织，推动高校和研发机构跨区域合作，为深入推进高新技术产业的发展奠定了良好的基础。

第二，发展工程技术合作研究中心、企业工程技术中心等，提高了区域内人才的知识创造能力，进一步加强知识、人才之间的沟通与交流，拓宽其思维，最终形成了知识在区域内流动的良好氛围。

第三，发展高端的科技创新产业。珠三角地区高度重视金融产业、设计产业、创意产业和研发产业的开发与运用，高度重视知识经济的发展。珠三角地区已经成立了多个国家高新产业园区，逐步实现了从生产基地向产业集群、人才集聚的创新方向转变，新产品的产值也随着高新产业园区的完善和发展而不断增长。例如，"深圳提前成立了国家自主创新示范区，有较为丰富的科技创新发展经验，而其他周边地区积极借鉴深圳的实践经验，推动了各个城市的高新技术产业化的发展"[1]。

高新技术产业以创新技术为驱动力，是知识和技术密集的产业发展形

---

① 王双．国家自主创新示范区演进轨迹与展望 [J]．改革，2017（05）：82-94．

态。东北地区的高新技术产业也经过了很多年的发展，由小到大，从无到有，高新技术产业也有了一定的规模，但是由于东北区域发展差异较大，一定程度上限制了高新技术的发展。因此，要借鉴珠三角地区在高新技术发展方面的良好经验，为推进东北地区的高新技术产业的深层发展出谋划策。一是要加大对东北地区的经费投资力度，结合东北各个地区发展的特点，对建设高新技术产业的企业提供政策支持，同时加大经费的投资力度，推进东北地区高新技术产业的更深层发展。二是要加大高新技术产业的发展规模，构建产业间分工协作体系，加大东北高新技术产业的发展动力。除此以外，还要共同协商促进东北高新技术产业集聚发展的思路，集思广益，利用国家的优惠政策和产业政策，创新和完善区域协调的体制机制，强化科技创新的主体意识，大力发展与高新技术产业相协调的配套设施和研发基地。

（三）构建有区域特色的产业集群，推动区域经济发展

珠三角地区利用自身的优势来发展有区域特色的产业集群，总结出了一系列发展区域经济的主要经验。发现和培育特色产业群，因势利导，结合各个城市的特色做大做好产业规模。产业集群是珠三角地区经济发展的重要支撑，现在在中山、虎门等地已经有了属于自己产业聚集基础的特色产业，并采取了相应措施来促进特色产业的发展。珠三角地区是全国有名的服装生产和销售基地，制造业和服务业等也在迅猛发展，同时"中国国际灯饰博览会"和"中国国际服装交易会"等各种国家级的经济交流会议在该区域内开办，给特色产业经济的发展带来了机遇，珠三角借助这个机遇大力推进城市间各个行业的经济发展，提升了特色产业的知名度，增强了特色产业的聚集力度。

第一，珠三角产业集群发展较为完善。改革开放初期，珠三角地区抓住了物资缺乏的机遇，引导和鼓励集体所有制快速发展，形成了一大批该区域独具特色的产业集群。珠三角拥有电子新型产业集群、装备制造业产

业集群、纺织服装产业集群等一系列产业集群，这些产业集群分布在珠三角的各个区域，为珠三角地区推动有区域特色的产业集群的发展奠定了基础。这些集群企业和港澳市场密切结合，加快了信息流通速度，并与国际市场密切交流，推动了珠三角产业集群的发展规模和经济发展速度。当前，珠三角地区的各个产业的集体产业链发展较为完整，电子信息产业集群进一步面向国际市场，加大在国际市场的投资力度，促使国内市场和国际市场相协调，利用产业集群的优势提升了区域竞争优势。特色产业技术平台进一步深化，运用高科技和先进的产业发展技术推动该区域的产业集群建设，形成特色产业"产、供、销"的良性互动。

第二，产业集群的发展推动珠三角企业经济的快速增长。区位优势是产业集群经济开发和生产力发展的关键，在政府支持和企业培育的前提下，珠三角产业集群在国际上已经取得了巨大成就。珠三角的龙头企业培育并拥有了一定数量的国内外知名区域品牌的产业集群，且运用品牌效应带动了该区域经济的发展。除此以外，高新技术产业集群的发展是珠三角产业集群的优势，多种形式的技术创新平台促进了产业集群的创新，以集群为特征的高新技术产业发展速度进一步加快，全省以深圳和广州为源头的高新技术城市来带动其他城市的高新技术发展，大规模高新技术产业集群的建立也提升了高新技术产业的创新能力。最重要的是珠三角把握了经济全球化的趋势，在推动产业结构升级的进程中更好地发挥了珠三角产业竞争的优势地位，实现了区域经济的可持续发展。

因此，东北地区要借鉴珠三角地区发展产业集群的经验，来构建东北地区的产业集群。东北区位条件优越，城镇化水平高，交通基础设施不断改进和完善，国家在实施东北振兴战略过程中给予了有利政策，借助这个有利政策和区域内部企业的力量，推动东北产业集群的发展。另外，东北地区在产业集群的形成方面有独特的区域环境，我们要抓住这个优势并结合其以重工业为主的特点，规划好和建设好产业集群。东北缺乏创新技术人才，只有形成一定规模的产业集群才有可能吸引技术人才流向东北地区。作为传统老工业基地的东北地区，制造业基础雄厚，有许多大型制造业企业，所以，要积极引导这些生产要素的资源集聚，从而建成具有集聚优势的相关产业集群，以此推动东北地区的经济进一步发展。

（四）坚持"一国两制"，创新区域经济的实践进路

粤港澳大湾区建设是推动广东、香港和澳门三个地区深度合作，打造世界一流湾区城市群的国家发展战略，推动粤港澳大湾区建设对中国经济迈向高质量发展和全方位开放发挥着引领作用。粤港澳大湾区的区域经济一体化建设是推动我国经济高质量发展的国家战略之一，在一体化过程中借助粤港澳独特的区位环境和体制、制度等方面优势，促进国民经济的发展，同时也给粤港澳地区带来了极大的发展机遇。因此，粤港澳大湾区的区域经济一体化建设在区域和国际上有着重大的影响力。

十九大报告明确提出，"香港、澳门发展同内地发展紧密相连。要支持香港、澳门融入国家发展大局，以粤港澳大湾区建设、粤港澳合作、泛珠三角区域合作等为重点，全面推进内地同香港、澳门互利合作"[1]。在建设意义上来说，粤港澳大湾区战略是国家对内改革探索、区域协调发展、提升区域发展新动能的重要实践[2]，是促进内地与港澳合作，进一步深化"一国两制"新探索的重要举措[3]。粤港澳大湾区的成功发展是充分利用三个地区在国家发展进程中独特的战略地位和功能，香港、澳门在实行"一国两制"的前提下，将粤港澳打造成发展共同体。粤港澳大湾区与其他国际湾区最本质的区别就是其实行"一国两制"，是世界上其他湾区建设过程中没有过的新情况，粤港澳大湾区的繁荣稳定、珠三角的快速发展与"一

---

① 习近平. 决胜全面建成小康社会夺取新时代中国特色社会主义伟大胜利——在中国共产党第十九次全国代表大会上的报告 [N]. 人民日报，2017-10-28.

② 蔡赤萌. 粤港澳大湾区城市群建设的战略意义和现实挑战 [J]. 广东社会科学，2017（04）：5-14，254.

③ 陈欣新. 粤港澳大湾区与"一国两制"新探索 [J]. 人民论坛，2019（10）：28-30.

国两制"的制度安排有着密切联系。所以，我们要紧抓粤港澳大湾区建设的机遇，推动其在新时代背景下更全面开放的新格局。

"一国两制"是在香港、澳门恢复行使主权后，对港澳管理的过程中制定的一项基本国策和大政方针。粤港澳大湾区上升到国家经济发展战略的层面，粤港澳大湾区的发展和整合正式迈入经济发展的新阶段。粤港澳大湾区不是在同一个政治经济体制下运行，其法律和行政体系实行的是一种新的"中国模式"，是创新发展的体现。

汇聚优质资源发展创新，推动资源的创新共用共享。国家组织和引导了大湾区中的重点企业和科研机构、高校等方面的资源相互融合与应用，三地携手共同打造科技创新平台，加快重大科技基础设施的建设，实现资源共享，促进资金流动。在大湾区建设国际科技创新中心，汇聚创新资源，同时将国际科技创新企业进一步引进大湾区，推动了大湾区的进一步发展，也促使内地的创新企业加快"走出去"的步伐，同时运用市场机制来配置和汇聚全球资源，形成稳定、公平、透明和可预期的一流营商环境，全面推进广东与香港、澳门在科技教育、人员交流、青年发展、设施联通、平台建设等方面的互利合作。妥善化解"两制"差异下可能产生的发展障碍，搭建"政策桥"，促进粤港澳三地资源要素高效便捷流通，推进市场一体化发展。

广东与香港和澳门实行的制度不同，在大湾区内，保持着各自的制度特征不变的前提下，从一个整体的角度出发，并发挥各自的制度优势，提高三地的分工协作与竞争合作，推动三地的内在关联和物质支撑，在制度差异的带动下使区域内的交流更加紧密，促进经济的发展。改革开放以来，广东和香港、澳门的合作不断加深，港澳一直是珠三角连接国际市场的桥梁，同时更是加大外资进入珠三角的重要通道。除此之外，经济要素的流动也是粤港澳大湾区得到进一步发展的重要标志，在重点领域打造粤港澳合作发展平台，促进了粤港澳地区各个要素的融合与流动发展。

振兴东北是我国经济发展的重大战略布局，粤港澳大湾区建设是我国重大的国家发展战略。2018 年，习近平总书记在深入推进东北振兴的座谈会上就指出，辽宁的全面振兴和发展要主动对接粤港澳大湾区建设，促进辽宁与大湾区的合作是东北地区积极参与"一带一路"倡议和落实"新一轮振兴东北老工业基地"的重要举措，这对进一步扩大东北的对外开放有着重要意义。而辽宁省肩负着振兴使命，可以借助地域区位和产业转型的必要性加深与粤港澳大湾区的合作，积极借鉴粤港澳大湾区发展的成功经验，加深与粤港澳大湾区的合作，在粤港澳大湾区的带动下一起谋发展，实现互惠共赢。

三、京津冀区域经济一体化发展的经验启示

"经济全球化和区域经济一体化是经济发展过程中不可逆转的大趋势。"[1] 经济全球化的发展推动了区域经济一体化的发展与繁荣，并为区域经济一体化提供了重要机遇，区域经济一体化发展在经济全球化的推动下焕发出勃勃生机。京津冀协同发展是以习近平同志为核心的党中央作出的一项重大战略决策，京津冀地区作为我国区域经济一体化发展的重要区域，其经济发展的速度有目共睹。京津冀地理位置紧密相邻，河北省是北京和天津重要的经济发展承接地。所以，推动京津冀地区经济一体化发展建设，对于促进北京、天津和河北以及其周边城市的经济发展有巨大的推动作用。现阶段，京津冀地区的区域经济一体化、市场一体化等是国家发展的潮流与趋势，京津冀区域经济一体化对全国的发展有着巨大的借鉴意义。东北地区正处于经济转型的重要攻坚区，困难重重，汲取京津冀区域经济一体化发展的成功经验、分析东北经济发展的困境，对于区域经济一体化建设意义重大。

---

[1] 陈宏. 区域经济一体化研究 [J]. 现代管理科学，2016（09）.

（一）明确城市功能定位，打造京津冀经济圈

区域经济一体化的发展离不开各个城市重要功能的发挥，各大城市借助自己独特的区位优势发挥重要功能，为区域经济一体化补充必要的能量，推动经济、市场、空间、生态、社会等方面一体化的进程。一个城市承担着政治、经济、文化、商业、产业等功能，需要具备极强的包容性和平衡各个因素的协调性，所以，我们需明确区域内各个城市的功能定位，利用各个城市自身优势发挥最大的作用，实现对自身城市的平衡调整，同时又在与其他城市的分工协作过程中推动整个区域经济一体化的发展。京津冀区域经济的发展明确了三大核心城市的核心功能，在此基础上分工协作，形成经济、市场、产业一体化。在经济区域一体化建设的过程中，京津冀遵循了市场经济发展的规律，明确各个城市发展的方向，实现城市间的最大功能整合，协同推进市场经济的快速发展，打造出京津冀经济圈。

第一，了解核心城市基本情况，为区域经济一体化奠定基础。京津冀由两市一省组成，地理位置相邻。河北省环抱京津，是京津的腹地。天津是北京的出海口，又是北方最重要的港口，有着优越的地理位置，为进出口贸易与交流带来了发展机遇。京津冀具有优越的地理和自然条件优势，主要表现为：该区域的产业是北方最密集的，并形成了一个密集型产业区；综合科技实力强，在全国排名中占有一席之地；交通通信便利，是沟通国内和国际的重要交通通信枢纽；大中型企业集中，工业实力雄厚，具有非常大的发展空间；第三产业发展条件充足，旅游景点种类丰富；与国际交流和联系密切，投资环境优越。优越的区位优势为京津冀区域经济一体化提供了重要条件。

第二，精准城市功能定位，打造京津冀一体化经济圈。在了解各个区域的功能定位后，明确各城市的核心竞争力和发展方向，确定了一个以北京为核心、天津和河北相互分工合作的经济圈。经济一体化的重点是要推动区域市场一体化发展、推动企业发展一体化，而京津冀企业发展重点主

要是国有企业，在北京分布尤为集中。随着经济圈全方位发展，以国有企业为主体的经济体出现了向河北等地转移的倾向，这样不仅分担了北京地区发展的压力，河北在引入新企业的同时又推动了当地经济的发展，更快地实现市场一体化发展，打造京津冀经济圈。

打造京津冀一体化经济圈，要充分发挥各个城市的特殊优势，实现差异化发展。在发展中保持特色，合理分工，革新京津冀经济圈发展的手段、方式，在区域内相互支持，共同发展；明确各大城市的功能，形成一体化意识。从整体角度发展，相互补充，相互促进；在基础设施、生态环境、社会基本公共服务等方面，通过创新体制，融合发展，逐步实现京津冀一体化发展。

东北对接京津冀产业转移是推动新一轮东北老工业基地振兴、促进东北经济可持续发展的创新途径。京津冀在推进区域经济一体化过程中应用其区位的优越性和发达的高新技术产业创新手段加深了京津冀区域经济一体化建设。2015 年，李克强总理在吉林省座谈会中谈到了东北三省的经济形势，并提出了"新一轮东北振兴"的方针。在《京津冀协同发展规划纲要》中指出：最重要的目标是形成首都为核心的世界级城市集群，实现这个目标的关键之处就是京津冀区域的产业升级，而京津冀产业转移为新一轮东北振兴战略实施提供了新动力。促进东北地区与京津冀地区的产业相互衔接，以此构建区域合作新格局，最终在创新合作、产业转移承接、生态环境保护等方面取得重大进步与突破。东北各市应依托自身资源、功能定位、产业特点，有针对性地承接京津冀产业转移。借助京津冀在经济一体化发展过程中的经验来推动东北振兴，不断借鉴京津冀发展的优秀成果，通过创新发展的方式来加速东北区域经济一体化的进程。

（二）注重污染联防联控，护航绿色经济发展

经济要绿色发展，就要通过调整产业结构来实现，淘汰落后产业，降低能耗，减低污染排放。实现绿色发展需要发动各个地区协同建立起联防联控的机制，将联合预防和严厉控制二者相结合，并通过制度层面为绿色经济的发展保驾护航。我们综合分析了京津冀地区产业结构的发展布局和模式以及京津冀地区绿色发展的条件和措施，总结得出相关的经验，以此为东北经济变革和绿色发展二者协同发展提供思路。

建立污染联防联控机制。在发展经济的过程中要贯彻新发展理念，这一理念是党中央站在国家发展的战略高度上作出的部署。我们推动经济发展要深入贯彻落实新发展理念，这不仅是发展经济的重要启示，同时也是我国各个城市、省份经济发展的重要遵循。根据研究结果和调查以及相关现状分析，我们可以了解到北京率先实现"二三一"到"三二一"的转变，天津仍处于"二三一"结构，河北更是典型的"二三一"结构，第二产业将在一定时期内保持对国民经济增长的支柱作用。京津冀地区是经济发展较为迅速的区域，产业结构仍然存在一定比例失衡的问题，正面临着转型阶段，虽然第一产业所占比重有所下降，但是第三产业的所占比重与其他产业相比还是较少，第一、二产业的迅猛发展对区域的环境造成的影响，使绿色发展理念得不到贯彻落实。近年来，北京引入联防联控的机制，政府在倡导合理发展经济的过程中加大对能源节约问题的重视力度，在保障生产效率的同时减少对自然环境以及自然能源的消耗和利用；运用科技创新发展新能源，加大对新能源的投资力度；通过倡导新能源的发展和自然生态资源的合理运用降低对城市环境的污染，推动京津冀经济能源的循环利用和经济的可持续绿色健康发展。同时，政府相关部门也在不断做好法制方面的工作，从法律的层面来加强对京津冀地区经济发展中联防联控机制的保障，完善相应的法律法规，规范经济发展过程中的不合理行为，加大污染惩罚力度，在推进国家治理体系和治理能力现代化过程中，为京津冀经济的绿色可持续发展保驾护航。

推动东北地区的绿色发展，要促进经济发展与环境保护相协调。东北经济的发展同样也要遵循新发展理念，坚持绿色可持续发展，通过经营规模化、功能多元化、管理科学化、运营国际化，实现区域的技术创新和资本集聚，最终促进地区产业结构的优化。通过技术革新，研发高新技术产业，加大第三产业的比重，发展绿色经济。绿色产业是符合生态经济发展规律的，是实现人类可持续发展的目标。推进绿色产业发展是东北地区进行产业结构调整的必然选择，东北地区要加强对传统的发展模式的创新，使用绿色技术创新提高东北的资源利用率，提高技术创新能力，积极培养绿色经济产业发展的技术人才。同时辅之以必要的联防联控机制，从预防和控制角度来加强经济建设，通过政府相关政策的支持和必要的法律支撑打好污染防控战，更要加强对资源的节约利用和环境的保护，以绿色技术作为保障，实现东北的产业绿色发展，为实现东北经济区域一体化保驾护航。

（三）规划建设雄安新区，缩减区域内部差异

雄安新区的设立，"是中共中央、国务院深入推进京津冀协同发展的一项重大决策部署，是国之大事、千年大计，意义非同寻常"[1]。雄安新区是以习近平同志为核心的党中央深入推进京津冀协同发展、有序疏解北京非首都功能作出的一项重大决策部署。雄安新区以自己独特的生态环境、地理位置和经济发展前景等优势，成为承载首都地区以及周边城市功能发展的核心区域。京津冀区域经济一体化的发展带动了雄安新区的发展。目前雄安新区的建设进入了一个实质性的阶段，在经济发展、文化建设、生态文明建设等方面取得了很大成就。着重分析雄安新区和京津冀地区发展之间的联系，有助于为更多省份和城市实现区域经济一体化提供重要经验。

承接北京首都功能疏解是雄安新区的首要任务，根据《河北雄安新区总体规划（2018—2035年）》，雄安新区重点承接的是高等院校、金融机构、事业单位和科研院所等项目，借助雄安新区这一平台，在转移中实现

---

① 张可云.雄安新区城市发展、空间作用演化与冀中南地区协同[J].河北学刊，2020（06）：139-146.

集聚创新，对新区的经济发展起到巨大的推动作用。通过一系列措施提高雄安新区的经济发展水平，京津冀地区的发展带动了雄安新区协同发展，实现合作共赢。

国家结合了京津冀区域一体化发展的优秀成果和核心城市进行跨省合作，相互汲取优势，互相补充，互帮互助，从双方的经济利益和生态、社会效益的角度出发进行协商和调节，解决深层次问题，并对行政区划进行一定的调整，让雄安新区经济实力较弱的城市与较强的城市进行配合，协调合作，发挥最大的优势。同时，借助京津冀发展的重要经验，与其核心城市进行政治、经济、文化各方面的对接，从而使这两个区域紧密相连，扭转资源和核心竞争力分配不均的不良局面，使两个区域的生产要素得到合理的利用和分配。比如，利用尚未得到开发、优越的自然环境发展第三产业，利用经济较发达地域的客流量在二者之间建立一个桥梁，在缩小区域内部差异的同时促进共同发展。

雄安新区的建设有利于缩小区域之间的发展差距。党中央对雄安新区的建设投入了大量的资金，给予各项政策支持，雄安新区的建设带动了周边区域的产业转型和结构升级，加快了经济发展方式的转变，解决要素分工不合理和分工水平不高的问题，使区域之间的发展差距越来越小，带领周边区域协调发展。除此之外，雄安新区因为其行政级别较高，能更好地运用政策优势，打破了不同区域之间的政策分离，更好地发挥了区域间在政治、文化等方面的优势功能，提高了区域发展的综合性，为更快地形成统一的区域市场奠定基础。雄安新区发挥国家级新区的优势，不断提高创新能力，搭建新的创新平台，发展高新产业，打造北方新的经济增长极，促进南北经济平衡发展，打造全国创新驱动发展的新引擎，成为新时代改革开放的试验田，最终实现雄安新区建设的稳定和更好发展。

东北经济一体化也应该借鉴雄安新区和京津冀经济发展上的相互配合，缩小区域差异的经验，加强和外部区域的经济往来，同时协调好内部城市的发展，加快实现区域经济一体化。东北三省都具有发展外向型经济的有利条件，但各省又各有特点，三省要努力抓住机遇，量力而行，利用相对优势，发展经济。辽宁是发展外向型经济最为有利的省份，因为其有五个港口，与朝鲜、韩国和日本较近，有对外开放的历史，海陆空等交通运输方式也较为便捷，是我国对外交往的重要地区之一，所以辽宁要利用这个优势，深入挖掘老工业基地资源相对丰富的潜力，主动加强与国外的交往和联系。黑龙江与俄罗斯的交往也较为深远，双方的经济贸易往来也较为密切，这也是与国外加强联系的优势之一，所以要加强外向型经济的发展，要促进三省之间的交流与合作，大力发展现代化农业，改造和发展传统的工业、农业，推动人才交流和科技创新，减少区域间的人才流失情况。另外，重点企业要进一步带动小企业，实现共同发展，要加强东北区域之间的交流，减少区域间的差距，实现区域的密切交流与合作，深入以科技创新发展为核心的观念，以此促进资金与科技创新的发展。东北人少地多，传统产业基础较好，在借鉴和学习京津冀的发展方式之外，还要在努力推动外向型经济的过程中充分利用自身资源禀赋、以现代农业和传统工业产业为主渠道的优势来加强区域内的协作，把产品做大做强，打造自己的品牌，走出具有自己特色的经济发展道路。

｜第四章｜

国外区域经济一体化建设的经验

　　世界范围内的区域经济一体化发展进程在不断加快，我们总结了国内发展态势较好的三大经济都市圈的经济发展状况，为发展东北区域经济一体化提供建设方案与方法。接下来要总结国外如东京都市圈和美国都市圈的区域经济一体化发展的经验，为推进东北区域经济一体化进一步发展提供思路和解决办法，加快东北地区的经济发展速度，实现全面振兴，促使东北成为全国重要的经济支撑带。

一、东京都市圈区域经济一体化发展的经验启示

　　区域经济一体化作为发展经济的一种重要模式，为加快都市资源的整合、经济的快速发展提供了多种可能。"东京都市经济圈利用自身优势，结合区域协调机制的创新，走出了一条以东京作为中心城市，由内核区、中层区、外层区组成，向其他都市扩展，内外联动，相互协调发展的区域

经济一体化道路。"[1]东京都市经济圈集政治、经济、文化、工业、商业等多种功能于一体，体现了区域经济一体化的突出作用。东京都市经济圈区域经济一体化的成功实践，为我国东北重振经济，走出一条适合自身的道路提供了价值遵循和经验选择。因此，我们需要积极总结并吸收东京都市经济圈区域经济一体化的成功经验，为我国东北区域经济一体化发展添砖加瓦。

（一）构建合理分工与协作的城市发展体系

区域经济一体化发展要统筹兼顾，注重整体和部分的关系，注意分工协作，用局部的发展推动整体的发展。东京都市经济圈经济一体化的发展得益于各城市之间的分工与协作，充分发挥各城市的独特功能，汇聚成集多重功能于一体的区域经济一体化的经济发展格局，这为我国东北区域经济一体化提供了重要借鉴。

第一，重视核心城市与周边城市功能的联动发展。核心城市作为经济圈的重要载体，承担着引领各大城市经济、政治和文化等向好向上发展的重要作用，只有核心城市充分发挥自身的经济优势和引领作用，才能推动周边城市和中小城市的融合与发展。东京都市圈的区域经济一体化发展离不开作为核心城市的东京的重要引领作用，但是东京发展到一定程度会出现问题，为了疏散核心城市的压力就不可避免地将压力适度向周边发展相对缓慢的城市进行转移，将核心城市的功能更多地辐射向周边城市，形成一个多功能联动的城市体系。在东京都市圈中形成了东京、名古屋和大阪三个大的城市圈，而东京作为三个城市圈的中心城市，是日本的经济、文化中心，同时也是经济实力最强的城市聚集体之一，它的综合性城市功能特别强大。随着发展的深入，东京城市圈由"资金和资源为一体"的结构

---

① 应贵，娄世艳.东京都市圈人口变迁、产业布局与结构调整 [J].现代日本经济，2018（03）：27-37.

变成了"多圈层"的结构，在东京城市圈下细化出次核心城市，在这个次核心城市中培育信息服务、金融等产业，以此培育出自立性比较强的城市群，同时又对次核心城市的职能进行了明确的分工，推动东京城市圈和其他城市圈的科学合理分工，加快了东京都市圈经济区域一体化的协调发展。东北区域经济一体化要充分借鉴东京都市圈区域经济一体化的经验，以高质量、高水平发展为目标，以核心城市的发展推动周边城市的发展，在发挥核心城市的各项服务功能的同时又要发挥周边城市的作用，最终形成一个分工与合作的多功能城市群体系，在发挥各自服务功能的同时又能涌现更大的力量，为区域经济一体化的发展提供重要的经济、政治、文化、商业支撑。

第二，推动产业结构的优化升级，强调分工与协作。经济圈内良好的产业分工协作及空间布局是经济圈发展的根本动力和经济关联度的重要标志。产业发展是构成经济圈的重要力量，经济圈的一体化建设有利于产业结构的优化调整和产业资源的合理配置。东京都市圈在促进资源合理配置和产业结构调整过程中更加注重用分工与协作来提高产业的效率和质量，明确分工，在完成各项工作的同时又注重整体的协作，通过这样的方式达到更高质量的发展。大阪城市圈和名古屋城市圈的区域经济一体化的建设也离不开分工与协作，日本的各城市重点产业的分工不仅充分发挥了自己独具特色的优势，同时还加强了区域内城市与城市之间的联系与协作，在分工的过程中不断吸收其他城市发展较好产业的成功经验，强强联合，发挥出巨大的力量。我国东北的经济振兴也要充分发挥自己的地域优势，积极采纳东京都市圈区域经济一体化的成功经验。

采用以便利、完善的基础设施为基础，以集约化产业链为格局的发展模式，形成疏密相间、适度集中的都市圈；制定合理产业政策，推动产业链形成，有助于促进产业结构调整和经济发展；充分重视与构筑合理产业链，以优化的城市职能分工促进区域共同发展。与此同时，还要充分运用政府对东北地区的相关支持政策，发展东北的经济。另外政府也应该加快制定能推动产业结构调整的相关政策以应对来自内外部环境变化以及自身社会变革所带来的不同挑战，更好地推动产业优化升级，构建起东北地区分工与协作相协调的城市发展体系。

（二）推进综合性和网络化的交通基础设施建设

基础设施建设是促进区域经济一体化的重要抓手，是推动经济高质量、高水平发展的基础性条件，为实现经济高质量发展、构建新发展格局，提供不可或缺的交通网络等硬件条件。一个区域经济的发展离不开互联互通的基础设施和均衡一致的公共服务体系，便捷、顺畅的交通线路为城市或地区的发展提供便利条件，便捷的交通条件为经济的发展打开了开放的大门。便捷的交通轨道是东京都市圈经济一体化得到发展的重要原因之一，东京城市圈的交通发展以轨道交通为中心，这一城市发展模式为东京经济的发展提供了重要条件。东京都市圈经济一体化发展过程中以轨道交通引领城市综合发展的经验对于我国东北地区经济发展具有重要借鉴意义。

一方面，加速建设综合性和网络化的交通基础设施。公共交通线路的顺畅程度关系到一个城市经济联动一体化的速度，只有交通线路建设齐全、综合运用性能提高、网络化速度加快，才能更快更好地推动都市圈经济的发展。东京都市圈完善的综合交通运输体系，将极大地提高居民出行的便利性，有效促进城市交通可持续发展，推动东京都市圈经济一体化快速发展。"建立以东京为中心的公共交通轨道，城市规划注重公共交通设施，并遵循优先公共交通的原则，形成了众多联合政治、经济、商业的综合性轨道运营体系。"① 目前，东京已经建设了较为完善的综合交通运输体系：高速公路、城市电车、新干线和地铁，再加上航空和水运等交通方式，这

---

① 向蕾,叶霞飞,蒋叶.东京都市圈轨道交通直通运营模式的分析与启示[J].城市轨道交通研究，2018，21（03）：93-97.

一系列交通运输方式构成了四通八达的海陆空立体化的交通运输网，提高了日本居民的幸福感。

我们在发展东北地区经济时应加快推进综合性和网络化的交通基础设施建设，围绕交通基础设施布局完善、立体互联，统筹铁路、公路、水运等规划建设，加快建设综合运输通道、枢纽和网络体系，着力打造发达的快速网、完善的干线网、广泛的基础网，以推动经济运行效率提升、服务和改善民生。东北虽然气候与南方相比存在劣势，但是在能源的开发利用和发展上却具有重大的优势。所以，东北应该更加注重新能源的开发和利用，为公共基础设施的建设提供新的动力。同时以沈阳、大连、长春等核心城市为主要出发点，完善周边城市的公共交通基础设施建设，促进区域内贸易往来，加强互联互通。总之，东北区域经济一体化要把以公共交通为首的基础设施的建设摆在先行发展的重要位置，积极打通各省市之间的联系通道，充分发挥交通基础设施建设的基础性、先导性、服务性作用。

另一方面，建立健全公共交通基础设施建设管理制度。在注重建设公共交通基础设施的同时也不可忽略管理，以此推动立体交通网平稳运行。东京都市圈公共交通轨道的数量不计其数，但仍然能在较为狭窄的空间内保持畅通无阻、平稳顺畅，这离不开全面系统的顶层设计。东京政府通过建设综合交通网络，引导和促进区域整体有序开发，形成整体开发优势，优化区域空间结构和交通体系；通过在区域内共同建立公路网、铁路网以及管理体系为整个都市经济圈发展提供框架。同时还构建了全面系统的法律保障体系，出台了《首都圈建设法》《首都圈市街地开发区域整备法》《首都圈建成区限制工业等的相关法律》《首都圈近郊绿地保护法》《多极分散性国土形成促进法》等一系列法律法规，加强政府对交通发展的规范化管理。东京都市圈在交通基础设施建设过程中还得到政府的资金支持，为建设公共交通轨道提供了充足的物质条件。

我国东北地区土地广袤、人口众多、经济互联，可以学习借鉴东京都市圈公共交通基础设施建设的经验。一方面，制定和完善相应的交通基础设施建设方面的法律法规。为提高区域内各种中枢性活动联系效率，有必要构建全面系统的法律保障体系，充分发挥公共基础设施的优势，推动东北地区各个领域的发展。另一方面，优化都市圈一体化规划体系。目前，东北地区已经普及了多种公共交通设施，在一定程度上加强了区域间的互联互通，由于行政壁垒导致交通规划对接中频繁出现分歧和偏差，东北地区应该着手编制都市圈国土空间规划，加强对公共交通基础设施的规范管理，充分发挥各类交通轨道的优势，根据具体的通行量对不必要的设施进行优化调整，以提升用地功能布局与轨道交通系统的协调性。

（三）重视生态绿化，注重城市的可持续发展

经济的发展是我们追求的目标，我们在发展经济的道路上应该更加注重长远利益，不论在推动产业结构调整还是在基础设施建设过程中都要充分重视生态绿化，充分贯彻"创新、协调、绿色、开放、共享"的新发展理念，注重区域城市的可持续发展。认真研究东京都市圈的经济发展模式，我们可以得出结论：东京都市圈内的经济中心城市在发展中充分考虑了当地的地理位置和区位因素，结合具体的情况挖掘出了一条适合自己发展的道路，主要以便利、完善的基础设施为基础，以集约化产业链为格局的发展模式，形成疏密相间、适度集中的都市圈。在工业化进程中也充分考虑到了自身地域结构特殊、空间结构狭小的特点，发展以高科技为主的产业，在不破坏各个城市环境的前提下从科技产业中实现经济效益的最大化。结合东京经济圈发展的模式，我们可以得出以下经验：

一方面，注重科技创新，重视绿色经济的发展。科技创新是一个永恒话题，只有注重科技创新，才能在发展经济中创造出无限可能。东京经济圈的发展与科技创新有着千丝万缕的联系，它不仅体现在经济结构的高技术化趋势中，还体现在产业结构的调整和产业链的充分建构中，注重以科技的创新来推动经济结构朝着更加绿色的经济方向发展。日本还侧重环境保护和能源

产业，积极探索经济发展与环境保护协调发展的道路，并积极布局绿色能源发展，实现了国家的能源转型，形成新能源大国。日本高度重视发展循环经济，积极推进资源利用减量化、再利用、资源化，城市的绿化面积位居世界第三，在保持经济绿色发展的同时，日本 GDP 也保持着稳定增长。

我国东北地区在发展经济的过程中要更加注重科技创新，改变过去高能耗、高污染的局面，淘汰落后产能，开发利用新能源，在发展经济的过程中重视绿色产业的发展。调整产业结构，加大第三产业的开发和投资；注重对高新技术人才的培养，加大科研投资力度，为科研工作者提供更加广阔的空间和机会，为经济发展研发出更加环保便捷的产品和新技能；减少高污染、高排放的交通运输工具的使用，用新能源公共交通设施替代落后交通基础设施，为绿色城市的发展提供保障。我国东北老工业基地正面临着调整升级的探索发展阶段，我们应该积极推动绿色经济发展，加大资金投入，毫不松懈，为振兴老工业基地不断探索奋斗。

另一方面，加强城市绿化建设，促进城市的可持续发展。城市只有可持续发展，生命力才会更加旺盛，一时的发展不是一条正确的出路，只有可持续发展才是我们的追求。东京经济圈在高质量、高速度发展的同时，贯彻绿色可持续发展理念，着力推动绿色经济发展，这是值得我们借鉴的。日本利用海洋能、太阳能等资源来取代石油资源，加强风能、海洋能等资源的利用与转化，让清洁能源成为主导能源。同时，日本熟练掌握了把高新技术加入到能源利用的方法，加速推进绿色经济的发展，这些能源的利用促进了日本新能源产业的发展，而且日本政府出台了多部环保法律，逐渐建立起一套与绿色经济发展相关的立法执法机制，进一步加快了日本的绿色经济发展道路。

我国东北地区的发展不仅要注重经济快速发展，同时还要兼顾生态效益，在实现经济效益的同时也提高生态效益。东北地区各大产业的发展不可避免地会带来一定的副作用，因此更加需要在发展经济的同时注重城市绿化，降低发展经济带来的重大风险，让城市绿化起到重要的保障作用。除了从绿化方面入手，重点还要学会从源头上实现绿色发展。因此东北地区要实行和发展绿色经济，注重生态效益的重要策略。各大城市的可持续发展是一体的，发展经济的过程中要统筹兼顾，发挥各自区域的优势来推动绿色经济发展，最终构建高质量、高水平、高生态效益的东北区域经济一体化格局。

二、美国城市群区域经济一体化发展的经验启示

美国作为世界上经济发展最快的经济体，始终引领着世界大城市群的发展潮流，形成了许多具有世界影响力和能提高国家竞争力的城市群。各个城市群之间的交流与合作促进了美国区域经济一体化的迅速发展，我们要深入研究美国城市群区域经济发展的状况，研究其产业结构的分布状况和城市规模的发展程度与分布，这有助于我们正确地把握美国区域经济一体化的发展情况，为推进我国的城市群发展提供重要的经验启示。

（一）遵循产业结构演变规律，合理调整产业结构

城市群的发展与国家的先进产业有着密切联系，美国的各个城市发展是多元化的，这与美国的每个城市所具有的特色产业密不可分，现今发展的趋势是先进的产业引领各大城市走在前沿，先进产业向大城市聚集发展，在大城市的发展过程中带动周围的中小城市一起发展。美国的先进产业在各个城市的发展中取得重大成就：先进产业的比重越来越大，传统产业的比重在不断下降，其先进制造业的发展尤为突出，先进产业的发展带来了生产效率的提高，为美国在全球化、计算机系统、网络等建设方面提供了物质基础，同时在先进产业的发展过程中吸引了大量优秀人才，为美国的区域经济进一步发展奠定基础。

产业结构调整促进美国经济的增长与发展。目前，美国的第一产业、第二产业以及第三产业之间的比重大致是相协调的，这为美国的经济发展

奠定了基础。在 20 世纪初，美国就完成了农业国向工业国的过渡，其工业产值不断提升，第二产业在 1890 年就上升为主导产业。到 20 世纪 50 年代，美国实现了工业化阶段，第一产业和第二产业不断下降，第三产业的比重不断提升。到六七十年代，美国借助国际产业转移的契机，信息产业占了主导地位，产业结构不断优化，大量的劳动力也不断从第一、二产业转向第三产业。到 90 年代，美国的高技术产业保持着领先势头，同时还对传统的工业进行技术改造，大大改善了美国人民的生活条件。同时，在新技术革命和经济全球化的推动下，美国政府加快了产业结构优化升级，推动生产要素相匹配，促进了创新能力的提升。直到现在，美国的科技创新条件仍位于世界前列。

科技创新在产业结构调整中起着重要作用。美国高度重视技术对产业结构的调整作用，科技的创新和进步是美国产业结构不断优化升级和国际竞争力不断提升的关键。由于科学技术的不断更新进步，美国的产业结构不断调整。美国在科技发展中充分吸收了法国与英国在工业革命时期取得的技术成果，汲取了欧洲的基础科学研究成果，催生了一个又一个新兴的产业，持续提高了美国的生产率，大幅增强了美国的经济实力和综合国力，将美国这个年轻的国家推上了世界经济史上前所未有的高峰。此外，美国对基础研究的投入推动产业结构变革。美国不断加大对基础科学研究的投入，使科技研究水平不断提高。自 20 世纪 40 年代之后，美国成为全球科学研究和技术创新潮流的引领者，并一直保持到现在，这给美国产业结构的调整提供了动力。最重要的是，建立健全的国家创新体系是美国产业转型升级的重要支撑。在高科技领域的运用中出现了科学界与产业界和政府的密切结合的创新体系，催生了一系列高新技术成果，使美国的产业结构不断得到调整，并引领着全球产业的升级方向。

我国东北地区的产业结构升级应该借鉴美国城市群的产业结构转变过程中好的发展成果，结合东北地区的实际情况，进一步加快其产业结构优化升级。改革开放以来，东北地区的产业结构得到进一步调整，初步改变了发展不平衡的状况，在一定程度上推动了东北地区的经济发展。借鉴美国产业结构调整的相关经验，来改变东北地区的城市化形态是新时代东北地区产业结构得到优化的关键所在。东北地区的产业结构优化升级可以依靠第三产业和高新技术产业的发展，第三产业的发展以城市为根本，而城市是产业发展的载体，在东北地区的产业结构演进中城市化为实现区域产业结构合理化、高度化提供了支撑。东北地区一直走的是工业化发展道路，其产业城市、资源城市等经济实力在改革开放以来得到了大大提升，城市化的发展优势较为明显，东北地区要继续发挥其优势，进一步提高城市化的发展水平，以此来促进东北地区的区域产业结构高级化、整合化。

（二）遵循空间结构演变规律，构建合理的城市分工体系

美国的城市群经济、城市群产业的迅速发展得益于其经济拉动能力、服务与支撑水平，并且城市群有着优良的社会经济环境和基础设施环境，更能促进其产业与经济的发展。美国都市圈中的纽约都市圈是世界上发展较为完善的都市圈，有自身独特的发展方向和完整的城市体系。纽约是美国经济实力较强的中心城市，它的辐射实力与集聚能力在都市圈的发展过程中发挥着非常重要的作用。华盛顿、波士顿等城市也组成了比较完整合理的城市体系，并且每座城市在互相促进、协调发展中也形成了完整的区域经济分工体系，为美国都市圈的整体发展创造了丰厚的物质条件。

美国都市圈的各个城市发展都经历了许多关键的历史时刻，在不断的改革和创新发展中走上了稳定的城市发展道路，特别在经历了两次工业革命和信息革命以后，美国的整体城市布局更进一步优化。合理的空间结构首先要有强大的中心城市作为支撑，而且区域经济的发展离不开有集聚能力的中心城市。中心城市对都市圈的发展有着领导作用。中心城市是带动整个都市圈发展的基础，具有市场广阔、信息交流密切、辐射范围大等特点。中心城市与周边城市有着紧密联系，并且各个城市间有超强的集聚程

度。纽约是美国东北部大西洋沿岸城市群的核心城市，对周边的城市具有强有力的辐射和集聚作用。从地理位置上看，纽约处于波士顿至华盛顿所连成直线的中点位置，而波士顿和费城、巴尔的摩、华盛顿分别位于纽约两侧，其余40多个小城市分布在该线性带上，这种以中间某点为中心、向两边扩散分布的线性带状布局结构发挥了纽约作为核心城市的辐射与带动作用。纽约都市圈为作为一个发展较为完善的都市圈，它的发展在一定程度上影响了美国的经济发展。美国都市圈以纽约为中心城市，波士顿、费城、华盛顿等为次中心城市，这些中心城市和次中心城市构成一个完整的联系网络，加强了都市圈各个城市之间的联系，并且每个城市结合自己内在的条件和发展规划，发展各自的优势产业，并与各个城市之间协调、错位发展，以此来提高都市圈的整体发展速度和经济发展水平。纽约定位于金融和经济中心，在电子通信技术和金融投资行业飞速发展的时代，打开了跨国投资和离岸交易的大门；华盛顿作为美国的首都，是政府机构的聚集地，借助华盛顿特殊的政治地位所带来的政策和信息优势大力发展旅游业；波士顿是科技中心，主要发展高科技产业和教育产业，现已成为全球著名的电子生物中心；费城定位于历史名城和制造业中心，有发达的重工业，主要在炼油、钢铁制造、近海货运等方面谋求发展；巴尔的摩则是以钢铁、造船和有色冶金为核心的工业中心，并借助紧邻华盛顿的地缘优势，大力发展国防工业。美国的各个城市之间分工明确，空间结构分布合理，各个城市的功能也不完全相同，但是这些城市之间相互协调发展，分工明确，保证了城市群各个城市的发展活力和综合承载力的均衡分布。美国十分重视其城市和区域之间的规划协调，并通过合理的规划建立了城市间的协调机制，实现各个区域内整合发展，减少了重复建设、过度竞争等问题的出现，并形成了良性竞争、分工合理的产业发展格局。

以美国城市群区域经济一体化为例，通过模拟这一世界上最大的城市群的空间演化轨迹，探寻世界级城市群空间布局的一般性规律，为我国东北区域经济一体化发展提供经验借鉴。

沈阳是东北最大的中心城市，有完备的装备制造业体系，是全国重要的综合性工业基地，是辽宁第三产业和高新技术企业的集聚地区，同时拥有众多金融保险机构、信息咨询机构，承担着辽宁省经济管理中枢职能。大连作为沿海经济带的龙头城市，产业基础、基础设施条件都是最优的，应充分利用自身在产业基础、基础设施方面的优势，大力发展技术水平要求高的高新技术业、现代服务业、先进装备制造业等产业，带动整个沿海经济带的产业结构升级。丹东重点发展汽车零部件、大中型客车，是专用车生产基地。营口构筑重型装备和专用设备、交通运输设备及部件等产业集群。锦州、盘锦、葫芦岛进一步壮大汽车零部件、化工机械、石油开采专用设备制造等优势产业。

（三）构建多层次立体交通网络，推动经济一体化发展

美国都市圈区域经济一体化的快速发展同样离不开交通基础设施的建设。美国都市圈在推进交通基础设施建设的过程中依据各个城市的优势与特点，既注重系统的连续性，也注重每个城市之间的有效衔接，加强城市交通系统和土地利用的协调发展。人员、物资、资金等方面的自由流动是实现各个都市圈区域城市之间的经济联系的纽带和桥梁。现在，美国的交通建设已经与高新技术紧密结合在一起，满足了美国人民出行的不同需求，为美国人民提供了便捷的交通出行方式。美国作为一个全面发展的经济大国，高新科学技术在美国都市圈经济发展中同样有着举足轻重的作用。美国都市圈将科学技术也运用到交通建设上，交通科技的发展促进了美国各个都市圈城市之间的经济联系，并逐渐形成一体化的交通网络。特别是美国的城市地铁、高速公路和航空等组成的联合交通网络，不仅在很大程度上缩短了城市与城市之间的距离，还促进了美国各个城市之间要素的空间聚集和自由流动，为城市之间的经济联系提供基础保障。

第一，交通设施建设的不断完善，都市圈内各个城市间的联系不断加

深。美国都市圈内部较为发达的城市交通加强了中心城市和周边中小城市、乡村地区的联系，增强了城市土地的利用率，降低了人流、物流的流通运行成本。同时，联合发达的公路、铁路、水运体系等交通设施，加强了美国内部城市的沟通与交流，使得内部城市联为一体，实现美国都市圈交通一体化的发展。除此之外，美国在交通基础设施建设中还通过国际航空港、海港等和其他国家进行密切交流，不断改进和完善交通基础设施建设。根据世界银行的数据统计显示，铁路方面，美国人均总里程达 7.16 万千米 / 万人，仅次于加拿大，而 22.8 万千米的总里程则远超其他主要发达和发展中国家；航空运输方面，美国机场密度仅次于英国、德国两国，高于法国、加拿大等国；公路运输方面，美国人均总里程达到 208 千米 / 万人，仅次于加拿大；管道方面，全美管道总里程达到 79 万千米，冠绝主要发达和发展中国家，而人均管道里程亦是最长的。[①] "美国都市圈随着区域经济的深入发展，推动了中心城市和周边城市以及和国际上的交通联系，经济一体化的形成，也促成了高速公路、铁路、轨道交通等公共交通体系和国际航空港和海港等对外交通体系，推动美国都市圈的立体交通网络。"[②] 高效运作的城市交通设施降低了要素与要素之间的流通成本，提高了区域间产业的集聚效益，推动了美国城市间的经济联系，加快了美国都市圈经济的一体化发展。

第二，完善的基础设施规模和发达的交通技术相结合。交通运输是推动整个国家经济活动运行的基础，交通把生产、交换、分配和消费四个因素联系起来，根据各个环节的需要来提高运输业的效率，以此改善各个城市和区域的经济联系，推动整个国家的经济有序发展。美国都市圈的公共

---

① 美国基础设施建设积重难返 [EB/OL].http：//finance.sina.com.cn/zl/international/2018-01-15/zl-ifyqrewi1405783.shtml，2018-01-15.

② 爱德华·H.齐格勒，李心彤，李宗兵.美国城市、汽车及区域交通规划：寻求 21 世纪可持续发展 [J]. 国际城市规划，2012，27（04）：89-94.

交通体系发展最为先进，发达的公共汽车网遍布整个美国都市圈，并且秉持合理利用城市土地的原则，在多个地方建设地铁网，很早就实现了公共汽车和地铁相互配合转乘，形成了便捷的交通网。高速公路网的形成，不仅扩大了美国各个城市里的资源与商品的流通，提高了运输的效率，更重要的是促进了美国的经济发展，改变了美国居民的生活方式。同时，为了加强美国都市圈对外经济的交流与发展，美国政府加大了公路的运输量，制订了相应的交通网络规划，注重和周边城市、国家的高速公路网和航空、水运交通等方面的建设，交通网的建设促进了美国和英国、中国等多个国家的经济往来，并且也深化了美国与这些国家的交流与联系，共同带动交往国家间的经济协调发展。随着美国科技创新的优势在交通领域得到了充分的应用，美国政府将计算机、通信、电子等高新技术手段加入到交通基础设施建设中，积极建立智能运输系统，充分利用现代化的高科技手段，解决和满足美国居民对交通的舒适、安全、快速等方面的要求，并通过高科技提高了美国交通运输的运行效率与安全性。在美国都市圈的交通发展过程中主要偏向多式联运、清洁发展的方向，重点在于提升经济的竞争力，促进美国都市圈的交通可持续发展。

与美国都市圈中的城市交通基础设施建设相比，我国东北地区在交通基础设施建设上仍然存在差距。推动东北地区在交通基础设施方面进一步发展，应该积极借鉴美国城市在交通基础设施建设方面的有利经验，以此来加快东北地区的交通基础设施建设。东北地区应该积极引进高新技术人才，通过人才与技术相结合的方式来建设和完善东北地区的交通网。充分利用东北地区土地面积广的优势，加大对高速公路、铁路、轨道、航空、港口等交通运输方面的建设与投入，结合各个城市的发展特点来积极推动和扩大东北地区的区域经济发展。同时，政府应该发挥作用，加强各个行业的管理力度和调整运输结构能力，依靠科技来改变传统的交通产业，加快交通结构转变。最重要的是在推进交通基础设施建设的进程中一定要保障运输安全，实现各种道路由数量到质量的转变，减少对环境的污染，使东北地区的运输市场更加规范有序，同时要学会创新，采取切实可行的政策措施，实现东北地区交通网体系的跨越式发展。

│第五章│

加速构建东北区域规划一体化的战略蓝图

一、东北区域规划一体化的逻辑根源与战略指向

东北区域规划一体化是适应生产力发展、推动东北区域经济一体化的关键，是中国特色社会主义进入新时代以来东北全面振兴、全方位振兴的新内涵、新要求、新目标、新举措。因此，研究东北区域规划一体化的归因、进路必须深刻理解唯物史观的理论指导，把握其内在的逻辑理路，同时明确其在新时代的价值归宿。

（一）提升东北地区内生发展能力是区域规划一体化的逻辑根源

1.推动东北区域规划一体化是遵循唯物史观的逻辑必然

规划一体化的本质是提升由区域经济基础决定的区域发展上层建筑的有机关联度。生产方式及与之相适应的生产关系是马克思主义政治经济学研究的根本范畴，也是研究我国一切社会问题的出发点。恩格斯指出："正像达尔文发现有机界的发展规律一样，马克思发现了人类历史的发展规律，即历来为繁芜丛杂的意识形态所掩盖着的一个简单事实：人们首先必须吃、喝、住、穿，然后才能从事政治、科学、艺术、宗教等等；所以，直接的

物质的生活资料的生产，从而一个民族或一个时代的一定的经济发展阶段，便构成基础，人们的国家设施、法的观点、艺术以至宗教观念，就是从这个基础上发展起来的，因而，也必须由这个基础来解释，而不是像过去那样做得相反。"[①] 探讨东北区域规划一体化必须以历史唯物主义为理论起点，把握东北经济发展规律。规划是对未来发展的建构，是对未来整体性、长期性、基本性问题的考量与既定目标实现方案的设计。马克思把一切社会关系归结为生产关系，把一切生产关系归结到生产力的高度，所有生产关系的调整、上层建筑的发展都无法脱离对生产力的考量。规划虽然指向未来，但其前提是对发展规律的把握以及对当前发展水平的定位，因此，东北区域的发展规划是生产力与生产关系原理的现实运用。

2. 东北地区生产力发展优势与挑战并存是东北区域规划一体化的第一动力

《中共中央国务院关于全面振兴东北地区等老工业基地的若干意见》2016 年颁布以来，新一轮东北振兴战略的实施取得了明显成效，经济持续下滑得到扭转，营商环境明显改善，区域经济一体化程度不断加深。装备制造业是东北的传统优势产业，成套装备产品研发和制造能力居国内领先水平，重型装备产品在国内仍具有不可替代的地位，相对完备的装备制造业体系为生产要素在空间内的有序流动、形成合理的产业分工体系提供了基础性的保障。因此，在区域经济一体化的宏观背景下，要求变革生产关系，提升东北三省战略规划的整体性与协调性，以区域规划一体化巩固并引领区域经济一体化的发展。

但东北生产力短板显著，突出表现为产业结构单一且支柱性产业集聚度低，产业同构问题显著，区域间产业发展的互补性弱；在此背景下的同质竞争抬高企业成本，限制产业链的延长；同时过多的重复建设使区域性

---

① 马克思恩格斯选集：第三卷 [M]. 北京：人民出版社，2012：1002.

产能过剩问题严重。

（二）推动东北区域规划一体化是探寻东北全方位振兴新思路的关键选择

全球经济秩序正处于大调整、大变革的十字路口，面对全球范围内产业链与供应链的本土化偏移，中国提出了以国内循环为主体、国内国际双循环相互促进的新发展格局。推动国内大循环首先要考虑抓手问题。当前，中国有珠三角、长三角、环渤海等大型的城市群与经济带，这将成为国内大循环的重要抓手，推动经济带之间的协同发展，消解内部壁垒，以产业为纽带推动国内大循环。从经济地理角度看，要推动国内大循环，解决东西不平衡问题的关键是经济带的横向开拓，但东北经济发展缺乏区域间的协调互补，没有形成一个经济发展有机体，因此东北区域经济一体化是新发展格局的战略需求，是东北全方位振兴的必然选择。

东北作为中国装备制造业的中心，具备极为重要的战略地位，因此东北产业同构问题无法在短时间内得到根本性扭转，东北的经济一体化与振兴模式无法与其他经济带相一致。自 2003 年 10 月，中共中央、国务院正式印发《关于实施东北地区等老工业基地振兴战略的若干意见》，到 2007 年 8 月，国务院批复《东北地区振兴规划》，再到 2016 年颁布《中共中央国务院关于全面振兴东北地区等老工业基地的若干意见》，国家全面强化对东北老工业基地振兴的力度，给予东北地区诸多资金与政策帮扶，但经济疲软问题并没有得到根本性改变。因此，在国内大循环的发展格局下，东北区域经济一体化的核心是提升区域内生发展能力，关键在于通过区域规划一体化探索新的全方位振兴的模式——以一体化克服一体化。以产业为纽带提升区域内部经济的协同度，但东北特殊的产业同构问题与制造业中心的战略地位之间的矛盾要求东北的经济一体化必须以整体国家经济地理为出发点，必须与其他经济带在战略规划、产业等方面相对接，形成区域间的多层次的产业分工体系。这对区域规划一体化提出了新的要求，既要着力提升区域内部规划的协调性，又要注意发挥区域间的规划互补优势。

二、东北区域规划一体化的重点与目标

（一）创新治理模式，协同推动体制机制创新

推动东北区域规划一体化的关键抓手在于体制与机制的协同。党的十九届四中全会审议通过了《中共中央关于坚持和完善中国特色社会主义制度、推进国家治理体系和治理能力现代化若干重大问题的决定》，这是党的历史上首次把推进国家治理体系和治理能力现代化作为大会的鲜明主题。治理能力现代化就是将制度优势转化为治理效能的现代性能力并逐渐强化的过程。其中，国家治理体系现代化体现为国家的制度设计能力，治理能力现代化体现为贯彻治理体系的执行能力。设计能力最终要通过执行能力来体现，制度的威力和效力归根结底要通过执行方能落地生根、开花结果。因此，国家治理体系的现代化在一定程度上内含着治理能力的现代化的基本诉求，两者是同向同行的有机统一体。推动区域规划一体化是治理模式创新的重要体现，规划的一体化本质就是体制机制的一体化，必须从体制机制的协同建设与创新着手。

1.协同推进央企国企体制机制创新

东北央企国企占比较大。相关统计资料显示，辽宁省国有经济比重超过30%，吉林省超过40%，黑龙江省接近50%，都远远高出全国平均水平。国有经济比重过大，容易导致经济运行内生动力不足、结构调整困难。不仅如此，由于国家"一五"时期把东北地区作为建设重点，东北地区央企所占比重也远比全国平均水平高。统计显示，截至2015年，央企及其子企业在东北共有3000多家，资产高达4.5万亿元，职工人数174.8万人，在东北经济发展中起着举足轻重的作用。现阶段，辽宁省央企占规模以上工业资产总额的47%，吉林省央企占全省规模以上工业比重的90%，黑龙江省央企占全省规模以上工业比重也在60%以上（其中最高年份央企实

现利润占全省90%以上）。这些数据显示，在东北的国有企业中，央企是绝对的主力军，且在关键行业实施资源垄断，对地方经济发展发挥着重要作用[①]。

协同推进创新央企国企体制机制，东北三省要着力协同解决央企国企产权结构单一、资产负债率过高、组织结构不合理等问题，其关键是因企施策、分类推进央企和国企股份制改革，发展混合所有制经济，以股权多元化打破央企国企的旧有体制机制。

2. 协同推进投资融资导向机制创新

国家发改委印发的《推进东北地区等老工业基地振兴三年滚动实施方案（2016—2018年）》提出支持东北建设127个重大项目，涉及交通、能源、水利、工业、农业、城乡建设等多个领域。如果投融资机制不创新，依然沿用国有国营、封闭运行的老办法，可能会进一步强化东北地区的投资拉动结构，扩大国有经济的比重，固化东北地区的重型产业结构，而难以同步拉动更多就业、消费，难以形成经济创新的活力，容易产生一种特殊的"路径依赖"，造成大央企、大国企考虑当前而不顾长远，采取掠夺式开采、继续垄断式经营，一旦出现资源衰减、价格波动，就会导致企业效益下降，甚至引致地方经济总量下滑，产生难以填补的税收窟窿。

因此，东北三省应协同创新投融资导向机制，对产业创新导向和资源衰退产业去产能、再就业杠杆等进行一定的资金支持。东北地区要加快产业结构调整和国有企业改革改组改造，着力发展新兴产业，形成贷款贴息、投资奖励的"投一引十"递增功效，进而实现政府导向、市场运作、企业运营、体制多元的功效。

3. 协同创新产业园区构建机制

创新构建"南联北合"的产业园区合作机制是推动经济带建设的必由

---

① 王志钢.振兴东北，国有经济要尽主导之责[J].人民论坛，2015（24）：32-33.

之路。当前，在国家支持下正在推进绥芬河—满洲里跨省区经济带合作，加强哈—长城市群暨哈、长、沈、大三省四市经济带合作，构建沿黑龙江、乌苏里江与图们江沿边铁路与东北东部经济带区域合作机制。以"深汕联合园区合作模式"为参考，建立联合产业园区，分别与山东、江苏、广东等发达地区合作，使东北地区的土地与发达地区的人才、资金、技术有机结合，解决发达地区土地资源紧缺、产业需要梯度转移的问题，克服东北地区缺干部、缺资金、缺项目、缺机制的"短板"；同时，强化东北亚区域合作，实现我国"一带一路"与俄罗斯"欧亚联盟"对接，联合开辟欧美市场。

4. 协同创新产能转换重建机制

东北地区以重工业、制造业为主导，产业结构单一是阻碍东北全面振兴、全方位振兴的关键问题。淘汰落后产能、转化过剩产能，改造传统产业、发展新兴产业、培育未来产业是实现东北振兴的必由之路。因此，东北三省应推进产能转换重建机制的创新，将煤炭、钢铁、林业等几大产业去产能与保障下岗职工再就业相结合。第一，将煤炭、钢铁、林业等去产能与发展特色产业相结合，通过发展有机农业、特色种植、生态园建设等完成落后产能的淘汰。第二，"原字号"产业的深度加工与去产能相结合。譬如实施"以化补油""以电补煤"等，延长传统产业链条，提升产能转化效率，同时提升区域自主发展能力。第三，将传统产业去产能与发展第三产业的生态旅游等相结合，依托固有的工业文化、生态文化资源拉动第三产业发展，刺激传统产业的转型升级，推动产业结构调整。

5. 协同推进创新域外资源开发机制

东北作为东北亚的核心地带更应着眼国际资源利用。俄罗斯600多万平方公里只有600多万人，每平方公里只有1个人；而东北三省1.2亿人口只有不足80万平方公里，每平方公里有150人之多。也就是说，俄罗斯面积是东北三省的7.5倍，人口却只有东北三省的1/20。俄罗斯拥有近

200 亿吨煤炭、180 亿吨石油、25 万亿立方米天然气资源储量和 266.7 万公顷耕地、200 亿立方米木材蓄积量，按人均分别相当于东北地区战略资源的 10—100 倍。其中石油、天然气储量分别超过我国 8 亿吨、5 万亿吨，闲置耕地超过我国 10 倍以上，森林蓄积量相当于东北地区的 3 倍。因此，东北地区应强化与俄罗斯远东地区的资源合作。

东北地区应以"一带一路"为依托，联合设立跨境资源合作专项资金推动东北地区快速发展；在俄罗斯开发闲置耕地、森林、石油、煤炭和天然气，以东北地区的富余产能和富余劳动力"走出去"，利用俄罗斯、蒙古等域外资源为龙头，带动民营经济和外资参与投资经营，有力支撑东北振兴并服务全国发展大局。之前，黑龙江省租赁开发了俄罗斯 40 多万亩耕地，且在境外建设了若干个中俄合作产业园区。推进东北三省的协同开放，由黑龙江一省行为变为四省行为，由地方级别发展战略提升为国家级别的发展战略，并创新构建东北振兴的域外资源开发机制，这将是东北地区主动对接"一带一路"战略的突破之举，也是推动国内国际双循环的助推力。

（二）拓展发展思路，推进内外联动

在国内国际双循环相互促进的新发展格局下，东北地区应充分发挥区域战略定位和区位战略节点等优势，深度融入共建"一带一路"和京津冀协同发展、长江经济带发展、粤港澳大湾区建设，以东北经济区陆海内外联动为主线，以东北经济区协调发展为重，促进陆海内外联动开放协调是"十四五"时期东北振兴的主基调。以培育形成东北经济区陆海内外联动、东西部双向互济新动能为抓手，以城市群—发展轴—经济区为支撑，以推动构建我国新一轮东北振兴改革开放带动圈为目标，共同推进绿色产业协同发展、基础设施互联互通、创新要素共建共享、生态文明共建共治，共同打造我国向北开放的桥头堡和东北亚合作中心枢纽，共同推动东北经济区走出一条符合战略定位、区域特色，以生态优先、绿色发展为导向的高质量发展新路子。

共建我国高水平开放合作新高地。充分发挥连接欧洲和东北亚的海陆双向通道优势，创新开放体制机制，优化开放政策环境，着力推动贸易和投资便利化，大力发展以进口资源落地精深加工为主、与腹地联动发展的泛港口和口岸经济，形成对接俄蒙朝、辐射东北亚、服务欧洲的全方位开放合作新格局。坚持与国家重大生产力布局相协调的原则，统筹对内对外开放两个大局，在共建"一带一路"框架内，面向中蒙俄经济走廊和东北亚，充分发挥东北经济区沿海沿边优势和辽宁、黑龙江自贸区优势，依托陆海联运大通道，提升城市群的龙头带动和辐射作用，推动经济要素在更大范围、更高层次、更广空间自由流动和高效配置，形成"四横、两纵、四带"的网格化发展新格局，构建我国新一轮东北振兴改革开放带动圈、中日韩自由贸易区、中蒙俄经济走廊自由贸易区。

（三）强化问题意识，深化政策落实

政策是规划的表现形式，推动规划一体化，必须冷静分析当前东北地区政策存在的问题。

1. 中央政府政策支持方式有待进一步转变

梳理 2003 年以来振兴东北的诸多政策措施可发现，中央政府对东北地区的政策支持方式可分为三类：资金项目类支持；强化服务类支持，包括政府对市场主体的服务政策、中央政府对地方政府的服务政策、强化市场监管、强化对地方政府的监管等；下放权力类支持，包括中央向地方下放权力、政府向市场下放权力两方面。振兴东北战略实施十多年来，虽然国家政策支持方式不断丰富和完善，但其转变仍未达到东北改革发展的需要[①]。一是以资金、项目为主，直接干预地方经济的粗放式政策支持方式仍发挥重要作用。一直以来，国家给予东北大量资金、项目支持，对东北

[①] 许成钢.中国改革、发展和重大社会经济问题的制度基础 [R]. 2012 年第十五届孙冶方经济奖获奖论文.

地区的发展起到重要推动作用，但这也让地方经济对中央资金、项目有较强的依赖性。随着市场化改革的推进，这种粗放式政策支持方式在逐渐调整，但改变力度和幅度仍不够。当前，制约东北地区发展的根本问题是体制问题，通过改革增强经济内生增长动力，是解决东北新一轮振兴的根本出路。中央政府对东北发展的政策支持，应向强化服务、下放权力方向倾斜，逐步弱化地方对中央资金、项目类政策的依赖。二是向地方放权的利益平衡点仍需进一步探寻。放权让利是深化改革的重要举措，但在权力下放的同时也意味着责任下放。如东北地区的一些国有企业由原来的中央管理变为地方管理，虽然地方权限扩大，但也加重了地方的责任，要下大力气解决这部分企业的历史遗留问题。如果地方没有相应财力支撑，事权就会变成负担。三是中央支持政策的精细化程度不够高。目前，针对东北不同地区、不同情况的差别化支持政策不足。资金项目类政策、服务监管类政策在制定中缺乏有效的成本、收益测算评估；下放权力类政策对权力下放幅度和范围的有效性缺乏评估，如权力下放到什么程度更有利于高效行使等。

2. 地方政府落实政策的积极性有待进一步提高

目前，东北地区地方政府对不同类型中央政策的态度和反应不同。对于资金项目类政策，地方政府乐于获得中央资金、项目支持，但对需要地方提供配套资金的某些资金项目类政策，常因财力原因难以完全落实。对于强化服务类政策，地方政府的态度可分为两类：对中央政府加强对地方服务的政策，地方乐于接受"服务"，却力求规避中央监管；对政府加强对市场服务的政策，在市场决定作用尚未充分发挥的情况下，地方政府难以真正由"管理"主体转变为"服务"主体。因此，地方政府部分接受这类政策，并逐渐浅层次地转变一些政府职能，但一旦涉及根本利益，就会在政策落实上产生一定抵触。对于下放权力类政策，地方政府的态度也可分为两类，对中央向地方放权类政策，地方往往积极争取财权，却将事权推给中央；对政府向市场放权类政策，地方政府落实政策的积极性并不高，除一些自上而下要求必须下放的权力外，其余方面很多难以推动。影响地方政府落实政策积极性的原因主要来自三方面：一是支持政策对客观存在的地方利益考虑不够。以行政命令方式下达的各类政策大量存在，影响了地方政府落实政策的积极性。市场经济环境下的地方政府享有高度的经济自主权，地方政府有能力也有条件规避某些与自身利益不相符的中央政策。因此，中央政策经常遇到地方政府"讨价还价"或"软抵抗"。二是地方本位主义影响了政策的有效落实。地方政府往往立足地方利益考虑问题，在落实不同类型中央政策时，积极性也不同。对符合地方利益的中央政策，地方政府乐于接受；反之，就可能会"讨价还价"。[①]三是地方政府职能转变不到位，落实中央政策的效率不高。东北地区受计划经济影响较深，政府"管理"经济的色彩比较浓厚。虽然改革开放四十多年，但地方政府管理体制远未到位，难以适应"市场决定"下的经济新常态、新形势。特别是地方政府职责不清晰，面对经济新常态、新形势，落实政策比较困难。地方政府责任体系不健全，政府不落实也得不到惩罚，因此"多一事不如少一事"，不作为、懒作为的问题严重。

3. 政策制定和实施中的协调性仍需进一步增强

目前，国家制定出台政策的流程通常是，在确定政策目标后，首先由研究机构进行前期研究，涉及地方的支持政策常由地方政府委托研究机构做前期研究。之后，由相关主管部委牵头、多部门参与，共同组成文件起草小组，将前期研究成果转化为政策文件初稿。经必要审核后，反复征求相关部门、相关地方意见，据此修改后，再经必要审核程序，形成定稿，发布实施。从实地调研情况看，虽然振兴东北各项政策措施力度较大，但在很多情况下政策落实效果并不理想。政策制定过程存在一些不足之处，

---

① 朱军. 单一制国家财政联邦制的"中央—地方"财政关系 [J]. 财经研究，2012，38（06）：134-144.

有待进一步完善。一是虽然支持政策不断出台，但具体实施细则或落实措施却未能及时跟上，地方政府难以"对号入座"，有效落实。虽然中央政府不直接干预地方经济事务，但在解决一些地方和市场自身无力解决的问题时，中央政府要给予适当帮助。而各地情况复杂，同一问题表现形式也不相同，因此中央政府在出台政策时，有必要根据不同情况，分别制定实施细则，促进政策落实，切忌政策"一刀切"。二是虽然政策制定时已经征求过相关部门意见，但在政策执行时，各部门配合力度依然不够。

4. 重视极点打造，推动城市转型

东北区域经济一体化的核心逻辑是从"产业增长极"到"区域增长极"再到"区域增长极群"，因此以规划一体化推动产业一体化再推动经济一体化必须注重打造新增长极。增长极群是在某一区域内存在相当数量的不同性质、类型或经济动能的增长极，借助于区域交通、信息网络的通达性构建增长极之间的密切联系，以完整的增长极"集合体"的形式向周边地区辐射，进而带动区域经济发展。增长极群最重要的内涵就是城市群内增长极之间紧密的产业联系与一体化发展，各极点在相同或相近产业链上展开分工合作或在不同产业链上进行错位发展，对资源协同利用，从而提高集聚效应和扩散效应的空间尺度，带动整个区域的发展。

东北地区协同推进增长极建设，必须促使集聚效应和扩散效应在更大的空间尺度上展开，即通过培育多个增长极，促进增长极之间的分工与协作、一体化发展，以增长极群落的形式带动整个区域的发展。增长极之间的关联以产业为纽带，而东北产业同构问题突出，并没有多层次的立体化产业分工体系，仅靠产业维系各增长极之间的有机关联是不够的。因此，必须强化顶层设计，根据各地区产业基础与发展特点，明确各增长极的发展定位，同时推动建立各增长极之间的联动机制，消除联动壁垒，提升各增长极之间资源、要素等高效流动。

三、东北区域规划一体化的关键

（一）机制建设是推进东北区域规划一体化的基础

1. 政府间合作协调机制

中国长期以来由于体制原因形成的"行政区经济"或"块块经济"格局不能适应区域经济发展，建立有效的政府区域合作机制已成当务之急。一方面，建立有效的区域协调发展机制，强化区域经济整体规划。东北三省应超越行政区划的界限，对东北区域的功能进行整体规划、统筹安排，也就是说东北区域在规划上应实行联合编制，共同构建东北产业发展和布局的整体框架，共同制定和完善东北区域整体开发政策，开展东北区域环境与生态规划，共同建立可持续发展的资源环境支撑体系，制定整合生产网络资源的政策，以实现区域整体经济社会协调发展以及资源环境最优利用。当前，东三省之间的区域经济合作属于自发行为，缺乏相应的政策、法规来进行鼓励和规范，特别是合作中各方的正当权益及利益分配等没有可靠的法律保障。所以，东北三省地方人民代表大会及其常务委员会应根据东北三省区域协调发展的实际情况，在不违背宪法、法律、行政法规的前提下，抓紧研究、制定相应的地方性法规，依法约束和保障东北地区经济发展中各方的经济行为，为区域经济的发展提供强有力的法律保障。另一方面，建立跨省行政区的经济协调发展管理机构。在推动区域经济一体化的过程中，不可避免要遇到跨行政区重大基础设施建设、跨行政区整体性资源战略开发以及跨行政区生产要素流通、区际贸易关系等方面的问题。尽管东北区域在整体上被人们认为是一个重要的经济组织，但是在实践中存在着全区性利益主体和管理主体缺位问题。西方国家在解决这种跨行政区的经济管理问题时，普遍的做法是建立跨行政区的经济协调发展管理机构。例如1933年，美国政府根据"新政"中的有关法律规定，成立了"田纳西河流域管理局"，对该流域经济区域的经济活动进行协调管理。东北区域地方政府应借鉴西方发达国家的经验，尽早设立经济协调发展的管理机构，专门负责研究、规划东北区域的开发整治工作，出台具体政策和草拟有关法规、统一管理该区域地区开发，统一协调区域交通运输、通信等基础设施建设和环境保护等问题。东三省城市间也应定期和不定期地进行对话协商，或通过联席会议的形式扩大市与市之间的交流，根据实施效果总结经验，为建设三省政府间的合作机制奠定制度基础。

2. 经贸合作机制

一方面，在参与东北亚国际经济合作中，东三省地方政府既是参与者，也是重要的组织者和推动者，尤其是在东北亚区域经济合作中，地方国际化是其主导潮流，从而使地方政府的作用更为突出。东三省地方政府必须充分认识自身在东北亚经济合作中的战略地位和作用，制定符合东北区域实际情况的东北亚合作战略，推动和加快区域经贸合作的发展。

另一方面，构建以"联合园区"模式为主的东北振兴区域合作机制是推动经济一体化的重要路径。首先，中央要对这种制度创新给予包容和支持，允许东北先行先试，如果实施效果良好可以进行推广。同时，中央可以借鉴援疆、援藏等对口帮扶经验，协调广东、江浙、上海、京津冀等发达地区，"点对点"对口帮扶东北省份和市州盟，鼓励对口帮扶地区和市州盟之间建立"联合园区"。东北地方政府必须转变思维方式。社会主义市场经济条件下，地方政府间也存在着竞争，这种地方竞争在一定程度上促进了各地经济发展。但在东北全面振兴、全方位振兴的大背景下，东北各地方政府若不建立良性的竞争与合作关系，继续单打独斗，东北地区的经济发展恐怕很难走出经济下行泥淖。想要建立"联合园区"吸引外地的优质资源，东北地区必须要用全面辩证长远的战略眼光来分析问题，打破"一亩三分地"的行政藩篱，将一定区域内的各个省份和地区捆绑在一起，通过人流、物流、信息流等资源的整合汇集，实现生产要素的有序流动与优势互补。其次，试点打造东北地区开放合作的窗口。选择试点城市时要涵盖多个区块，从沿海到内陆腹地、从东部沿边到西部蒙东都应该覆盖到，不能仅考虑大连、沈阳、哈尔滨、长春等区域中心城市,还要考虑其他城市,全方位地带动整个东北的经济发展。例如,辽宁的锦州、营口、丹东、抚顺等市,吉林的四平、通化、松原等市,黑龙江的大庆、齐齐哈尔、牡丹江等市经济发展总体水平较高,产业基础较强,都具备试点城市条件,在这些城市进行"联合园区"试点,不仅会对当地经济产生较强促进作用,还可带动区域整体经济发展。最后,吸引体制机制先进、经济发达的城市和地区加入。珠三角、长三角、京津冀是中国人口集聚最多、创新能力最强、综合实力最强的地区,广东、浙江、江苏、上海、北京、天津、深圳、苏州等省市具备了先进的体制机制、高效的发展方式、雄厚的资金技术、丰富的管理经验等要素,可以吸引这些省市来东北建立"联合园区"。为此,除中央协调外,东北地区也应出台一系列优惠政策来打消合作省市的顾虑。

3. 区域协同治理机制

(1)明确治理主体权责体系

合理界定协同治理各主体的权责体系是公共事务协同治理系统各子系统相互作用、形成自组织的激励机制和动力机制,取得协同效应的前提之一。东北地区公共事务协同治理主体的权责分配需遵循"重点突出,整体协同"的原则,建立具有互补性、匹配性的协同治理权责体系。

(2)扩展政府公共事务治理能力

东北地区政府作为公共事务治理主体,已经具备一定的公共事务治理能力,然而,政府具备的公共事务治理能力是在政府主导型治理模式下形成的治理能力,不能适应协同治理模式的要求。东北地区实行公共事务协同治理,政府必须拓展公共事务治理能力,优化公共事务治理体系。

提升东北公共事务治理的协作性应从两个层面入手:一是提高各省公共事务治理的协作性;二是提升政府内部公共事务治理的协作性。对于东北地区影响重大、涉及范围颇广、需要各省协同治理的区域公共事务,政府间的合作非常重要。

提高东北地区政府间公共事务治理的协作性应主要从三个方面入手：一是推行公共事务治理政策一体化。针对东北地区振兴进程中各省普遍存在的公共事务治理问题，应推进东北各省政府间合作，推行治理政策一体化，提升东北政府间公共事务治理政策的匹配性、协调性。二是建立公共事务治理人才一体化战略。东北缺乏公共事务治理人才培养机制，缺少公共事务治理专门人才。东北需要建立公共事务治理人才体系，丰富公共事务治理人力资源，强化公共事务治理的力量。三是设立公共事务治理横向协同规则。打造东北地区政府互信机制，建立公共事务协同治理意见协调机制，通过打通东北地区各省政府公共事务协同治理横向壁垒，建立保障公共事务协同治理有效实施的规则、秩序来提高东北地区公共事务治理的政府间协作性。东北地区公共事务协同治理策略构建对于东北省域内的公共事务、政府内部合作尤其重要。

提升东北政府内部公共事务治理的协作性应从以下三个方面着手：一是建立良好的信息沟通机制。政府内部纵向系统应当建立畅通的沟通渠道，各层级各部门能够充分表达自己意愿，从而充分收集公共事务治理意见，整合公共事务治理策略，形成公共事务治理统一方略。二是确定合理的成本分摊机制。公共事务治理需要耗费成本，包括了解公共事务治理需求的成本以及治理单位的运行成本等。公共事务治理成本往往规模较大、公共事务治理时间较长，合理确定成本分摊机制，对于促进政府各层级、各部门参与公共事务协同治理极为重要。三是建立有效的制度约束机制。借助公共事务协同治理协议保证各部门积极发挥公共事务治理的协作性，履行各部门在公共事务治理过程中的责任，不断强化政府内部各层级、各部门的协作意识。

4. 资源信息共享机制

三省地方政府应完全从计划经济体制中走出来，转变思想观念，增强服务意识，增强政府办公透明度，提高工作效率。同时，三省各级政府之间还应该开展定期和不定期的对话协商，就某些共同关心的问题进行磋商，并逐渐以协议或某种制度的形式确立下来，为协调发展的制度建设积累经验。三省应凭借地缘上的优势，共同出资建立东北区域动态信息系统，有计划、有组织地进行系统的信息资源开发，了解东北区域各省的资源分布及优势以及工农业生产状况，重点对企业发展状况和社会文化发展状况等方面进行专题或综合调查，形成东北区域合作信息库，为区域内的企业及时提供各种各样的市场信息，减少企业投资的盲目性。政府统计部门的网站也可以发布各种信息，为区域经济发展提供决策、咨询和参考信息。

5. 政绩考核机制

党的十九届五中全会强调，坚定不移贯彻创新、协调、绿色、开放、共享的新发展理念，坚持稳中求进工作总基调，以推动高质量发展为主题，以深化供给侧结构性改革为主线，以改革创新为根本动力，以满足人民日益增长的美好生活需要为根本目的，统筹发展和安全，加快建设现代化经济体系，加快构建以国内大循环为主体、国内国际双循环相互促进的新发展格局，推进国家治理体系和治理能力现代化，实现经济行稳致远、社会安定和谐，为全面建设社会主义现代化国家开好局、起好步[1]。生产力的高质量发展必须要求上层建筑适应其发展。目前，东北的发展所面临的机遇前所未有，必须把握重要战略机遇期，完善政绩考核机制，为高质量发展营造良好的政治生态和软环境。

第一，因地制宜实行差异化的政绩考核制度。各个地区有自己独特的经济、历史、地理等特点，发展水平参差不齐。因此，高质量发展不能够"一刀切"，各地政府要根据当地的实际情况决定高质量的发展目标。同理，政绩考核也应该因地制宜，根据各个地区的发展水平来制订合理的政绩考

---

① 中国共产党第十九届中央委员会第五次全体会议公报 [J]. 中国人大，2020（21）：6-8.

核标准，实行差异化政绩考核，充分调动领导干部的积极性。此外，不仅是地区与地区之间实行差异化考核，部门与部门之间的考核标准也应有所区别，根据部门的工作核心制定科学合理的政绩考核指标，对领导干部的德、能、勤、绩、廉进行全面考核。

第二，健全高质量发展的政绩考核指标体系。政绩考核完全脱离 GDP 是不切实际的，在保留过去政绩考核体系合理成分的基础之上，东北地区要增加高质量发展指标，淡化 GDP 考核，适当减少政府的经济职能，通过加大对创新、投入产出效率、民生、生态环境的关注力度来调整 GDP 在政绩考核中所占的比重。把生态文明建设状况纳入政绩考核指标中，彻底改变 "唯 GDP" 的考核体系，引导领导干部尽力满足人民经济、政治、文化、社会、生态等方面的需要。高质量发展的政绩考核，除了要兼顾经济、政治、文化、社会、生态等方面，更应该是全方位的，在时间上要对比过去是否有进步，在空间上要对比同级之间的优缺点，并且相互学习借鉴。

第三，探索政绩考核的第三方评价机制。政绩考核长期以来以内部的自我评估为主，政府既是裁判员又是运动员，无法真正做到客观公正地考核政绩。一个科学合理的党政领导干部政绩考核机制必须坚持上级评价、相关职能部门评价同社会公众评价相结合，即把内部评价和外部评价相结合。因此，应建立一个多元的政绩考核体系，由专业的、独立于政府机构之外的第三方评估机构来进行评价，同时听取群众的意见。要增加民主考评，以群众满意度来衡量领导干部的实际工作绩效，保证政绩考核数据的准确性，进一步实现政绩考核的客观公正和科学可信。此外，社会公众参与对领导干部的政绩考核，在一定程度上增进政府与群众的交流，让政府真正了解群众的需求，也让群众理解政府的工作并对政府进行监督。

第四，建立高质量发展的政绩公开制度。知情权是公民的一项基本权利，公民有权利知道政府的工作内容。同时，政府信息公开被认为是政府实现廉洁、透明、法治的关键。政绩公开也属于政府信息公开的一部分。

政绩公开不仅是为了保障公民的知情权，同时也是为了让群众了解政府的工作内容和性质，了解领导干部做了什么、怎么做的、做到了什么程度，这样群众才能够对领导干部作出客观准确的评价，从而高质量地参与政绩考核。建立高质量发展的政绩公开制度能够消除政府和公众之间存在的信息不对称现象，提高考核结果的公信度，同时也有利于发挥社会对政府的监督作用，构建透明政府、廉洁政府。

第五，构建高质量发展的政绩激励机制。考核工作最为重要的一环就是考核结果的有效运用。若不能有效地运用考核结果，这种考核就是一种"走过场"，很难充分发挥考核的激励功能。大量考核实践经验证明，缺乏面向考核结果的奖惩机制是导致考核实践无法继续推进的重要原因。因此，在开展高质量发展的政绩考核工作中，非常有必要设计一套科学化、规范化、制度化的政绩激励机制。一方面，对考核结果良好的领导干部，要积极运用正向激励手段，包括职务晋升、教育培训、评优选优、宣传报道等，不断调动领导干部干事创业的积极性和创造性。另一方面，对考核结果较差的领导干部，应采用负向激励手段，可采取行政问责、政绩追责等方式，深入分析政绩考核不理想的领导干部存在的主要问题和原因，提出有针对性和有效性的政绩提升方案。

（二）政策体系建设是东北区域规划一体化的前提

1. 政策的深化与落实

完善激励机制，引导东北地区积极主动地落实中央支持政策，关键在于要根据中央政府政策措施的不同类型，分别设置符合地方利益的激励机制；东北地区则必须深化政府管理体制改革，加快转变政府职能，构建适应经济新常态的东北地区管理体制机制。

第一，对于中央给予地方且需地方提供配套的资金、项目类政策，应重点解决东北地区因财力有限，而难以承接或不愿承接中央政府支持的问题。一是设立地方财力、政策环境评估机制。准确评估地方对配套资金的承受能力，并据此确定中央政府资金支持比例。二是设置"一揽子"资金支持比例。根据东北不同地方的财力状况，适用不同支持比例。财力越是困难的地方，中央支持比例应该越高。三是设立改革成本分担机制。对中央政府的资金类支持政策，应设立东北地区企业等各受益主体承受能力评估机制，由各受益主体适当分担配套资金部分。对中央政府的项目类支持政策，应发挥股权投资等市场化模式引导社会资本参与投资。四是加强资金、项目在运行、使用上的监管、审计，确保资金、项目运行程序和使用范围合法合规。

第二，充分考虑地方利益，兼用行政手段、市场手段等多种方式，提高东北地区落实政策积极性。一是建立政策制定前评估机制。测算东北地区落实政策所需的财力、物力、人力成本与环境条件，以及东北地区的实际承担能力，并以此作为确定政策的主要依据。二是在制定某项政策的同时，建立东北地区落实该政策的"责任清单"、奖励机制和惩戒措施。对落实情况好、勇于担责、先行先试的地方，要给予额外政策奖励；对不能落实"清单"所列基本任务的地方，就要给予相应处罚。三是建立政策落地跟踪服务机制。中央政府及时了解、跟踪地方落实政策情况，及时协调解决政策实施中出现的问题。四是积极推动思想观念转变，强化服务与治理理念。

第三，尽快明确经济新常态下东北地区的主要职责和权限。让东北地区充分认识在经济新常态下，政府该如何作为及以何种方式落实中央政策。一是抓紧界定东北地区职能范围。按照"市场决定"下政府与市场关系定位，划分政府与市场、政府与社会的作用边界。二是厘清中央地方职责边界。分别制定中央政府责任清单和权力清单、东北地区责任清单和权力清单，理顺政府各级部门间的权责关系。

2. 政策的完善与创新

东北三省在区位特点、要素禀赋、经济结构、环境特征、历史背景等方面有诸多相似之处，需要在产业分工、基础设施建设、交通运营、人才科技、生态建设、公共服务等领域协作，建立完善的利益共享、成本共担合作机制，共享改革发展成果，共同解决发展中遇到的利益矛盾问题，推动东北地区协同、共赢发展。

第一，建立统一的政策协调机制。梳理东北各城市现有的地方性政策法规，在内外税收统一的背景下，减少各城市在税收等优惠政策方面的差异，协调招商引资政策，避免因优惠政策不公平而导致市场竞争不公平。在区域经济发展过程中，建立统一的政策协调机制，逐步实现法律政策的协调。一个城市制定政策时，应先征求相关范围内其他城市的意见，防止某些条款有冲突。

第二，建立跨区域利益共享分配机制。在项目投资建设中，考虑实施产权分税制，谁投资谁受益，企业注册地和投资地均有权分配一定的地方税，切实解决东北地区对于企业对外投资设置的障碍。在跨区域重大基础设施建设中，相关城市可根据本区域基础设施的比例，确定本地分担的建设成本。在城市间利益协调的相关环节，建立利益分享机制，按照分享比例确定期限并根据因素变化进行调整。

第三，建立利益补偿机制。科学的利益协调机制，有助于化解社会利益矛盾，对于缩小区域内部发展差距、维护社会和谐稳定具有十分重要的意义。在区域合作中，当出现以牺牲局部利益为代价来提高整体利益的情况时，应坚持受益方对受损方的利益补偿原则，对市场机制仍无法补偿的损失应进行利益补偿，规避由此带来的合作破产风险，促进区域协同发展。例如，建立跨区域生态环境保护补偿机制，实现生态共建、环境共保、污染同治。

第四，建立本地政府部门间、不同地区间信息共享机制。长期以来，由于政府内部信息共享机制不健全、政府和公众之间缺乏信息共享、传统行政观念和部门利益等，严重阻碍了政务信息资源共享的深度和广度。东北地区应尽快形成覆盖全面的政务部门的共享平台体系，以解决信息不对称问题。例如，很多地方行政许可系统、市场主体信用系统与市场监管体系缺乏统一的平台，各部门间信息不能共享，不利于事中事后监管。再如，税务部门信息显示一些企业已违法，但工商部门信息显示却仍是优秀企业。地区间信息共享更是远未实现。

第五，建立企业在不同区域受到不公平待遇的争端调解、解决机制。逐步形成统一的投诉、调解、仲裁机制，形成以市场主体为核心的促进市场公平竞争、打破市场壁垒的监督机制。

3.政策的协调与互补

第一，构建完善的政策体系——顶层设计层面的联动协调。中央政府制定出台的政策措施不应只是单个文件，而应是一个系统化的政策文件体系，包含四个层次：一是一个主要政策文件，二是若干针对不同问题、不同类型地方的具体实施细则，三是若干责任分工安排，四是若干鼓励监督地方落实政策的奖惩措施。制定政策时，除应把精力放在主要政策文件的制定上外，更要注重其他三类文件的制定实施。四类文件是同一个政策措施在顶层设计层面不可缺少的组成部分，缺一则政策难以真正落实。顶层设计层面的联动机制应包括以下方面：一是在制定主要政策文件时，同时启动实施细则的制定工作。一个主要政策文件，配套几个针对不同问题、不同地区的实施细则，明确出台实施细则的时间安排。二是明确落实政策的责任分工、完成标准、完成时限，明确各级政府"一把手"为落实政策的责任人，将东北地区政绩考核与落实中央政策情况相挂钩。落实政策的责任分工应包括中央政府层面各部委的落实责任和省级政府的落实责任和地市级政府的落实责任。三是配套制定出台落实政策的奖惩措施。对落实得力的东北地区应予以政策奖励。例如，赋予地方获得优惠政策的优先权；建设东北地区信用体系，根据东北地区落实中央政策的情况，提高或降低东北地区信用等级，而信用等级与获得中央政策的优先程度直接挂钩。

第二，构建"扎到底"的地方层面协调机制——政策制定中的联动协调。

一方面，在中央政府某个部门牵头制定振兴东北政策时，除要征求中央政府相关部委意见、省级政府牵头部门意见外，同时还要由相关部委牵头征求省级政府对口部门的意见建议，并由相关部委汇总后与本部门意见一并报送牵头部委。另一方面，在确定政策落实责任时，除明确国家部委、省级、市级政府的落实责任外，相关国家部委应下发文件，从本领域、本专业角度，指导地方落实政策。

第三，构建全方位政策落地联动机制——政策落实中的联动协调。一是建立反映政策落实情况的常态化信息反馈机制。在中央政府有关部门定期巡查、东北地区定期反馈政策落实情况的基础上，由中央政府的政策实施牵头部门，直接召集东北地区相关企业，在东北地区不参与的情况下召开座谈会，直接了解政策落实情况，查找存在问题，尽量防止东北地区"报喜不报忧"。二是建立政策落实评估和考核体系。引入第三方机构，对各地政策落实情况进行评估，把评估结果纳入各地政府绩效考核指标体系，建立有关落实中央政策的党内问责和行政问责制。严格目标责任考核，加强监督检查。三是建立常态化政策纠偏机制。在跟踪、评估政策执行情况的基础上，针对政策落实中出现的问题，对一些不符合实际情况、难以落地的政策措施，应及时纠正。

第六章

交通一体化是东北区域经济一体化的 基本保障

交通一体化是区域经济一体化发展的先行领域，对推动区域协同发展具有重要的引导和支撑作用。随着新一轮东北振兴战略的实施，东北经济发展取得了较好的成绩，同时，对交通一体化建设也提出更高要求。自改革开放以来，东北交通基础设施建设发展迅速，交通网络通达度和覆盖网进一步提高，立体化交通运输网络逐步形成，综合运输能力和服务水平显著提升，各种运输方式尤其是高铁、港口建设快速发展。但东北区域交通一体化在跨区域政策、市场、管理、信息等协调方面存在一定问题，使得交通基础设施的效益难以得到充分发挥，对东北地区加大与国内外的交通联系、促进经济发展产生一定的影响。因此，研究东北区域交通一体化发展对于提高区域交通运输水平、促进区域经济发展有着重要意义。

一、东北交通一体化面临的形势

2003 年国务院发布了《关于实施东北地区等老工业基地振兴战略的若干意见》，提出加强交通等基础设施建设是振兴老工业基地的重要支撑。

2016年国务院印发了《关于深入推进实施新一轮东北振兴战略加快推动东北地区经济企稳向好若干重要举措的意见》，进一步明确指出要加快补齐基础设施短板，推动东北地区等老工业基地振兴三年滚动实施方案的铁路、公路等交通基础设施项目建设。自东北振兴战略实施以来，党中央高度重视东北交通基础设施的建设，在新一轮东北振兴战略规划以及东北区域经济一体化发展条件下，交通一体化发展面临着新形势。

（一）新发展格局下促使东北加强对国内国际的联系

东北地处东北亚的核心位置，东、北两面与朝鲜及俄罗斯为邻，西接内蒙古自治区，南连河北省，与山东半岛隔海相望，战略地位十分重要。新发展格局下，以国内大循环为主体，国际国内双循环相互促进。一方面，在当前复杂的国际经济大形势下，国际贸易合作向亚洲、东南亚，特别是东北亚区域倾斜是大势所趋。习近平在金砖国家领导人第十二次晤会上的讲话中指出，中国开放的大门只会越开越大。[①] 东北地区居东北亚地区的战略位置，更是"一带一路"的关键节点，在对俄罗斯、朝鲜、韩国、日本、蒙古联系中都发挥着重要的交通枢纽作用。因此，在东北布局重大交通基础设施项目，建设东北亚陆海通道枢纽，发展以东北主要交通节点为枢纽、与东北亚国家合作的陆海联运模式，推动交通基础设施的建设发展有着重大现实意义。要推进东北地区交通一体化，加快开放步伐，全力打造向北开放的重要窗口。[②] 另一方面，在国内大循环的格局下，东北地区存在着巨大的潜力，在全国经济发展中发挥着重要推动作用。东北地区必须要加强地区之间的内部联系，以及与京津冀、山东半岛、长三角、港珠澳之间的联系，推进区域之间的互联互通，促进经济发展。

（二）新一轮东北振兴战略为交通运输发展提供重大政策机遇

---

① 习近平.守望相助共克疫情携手同心推进合作[N].人民日报，2020-11-18(002).
② 本报评论员.打造"一带一路"向北开放重要窗口[N].吉林日报，2020-08-07(001).

2016 年 4 月，中共中央、国务院印发了《关于全面振兴东北地区等老工业基地的若干意见》，这是推进新一轮东北振兴战略的顶层设计和纲领性文件①。新一轮东北振兴战略实施以来，东北三省初步扭转经济持续下滑的形势，为交通一体化发展提供更稳固的经济支撑。"十二五"时期，辽宁省公路水路交通建设投资完成 2213 亿元，为规划目标的 108.5%，为"十一五"时期实际完成的 139.1%。"十三五"时期，辽宁省交通基础设施建设规划投资 1438 亿元，力争达到 1798 亿元，分别为"十二五"时期的 65% 和 81.2%。此外，辽宁省在 2020 年出台了《关于加快"两新一重"建设，推动基础设施高质量发展三年行动首批项目方案》将继续加大对交通基础设施建设的投资力度。吉林省"十二五"期间交通运输投资额为 964 亿元，黑龙江省在"十二五"期间综合交通基础设施建设累计完成投资 1865.5 亿元，实现平稳增长。此外，黑龙江省交通运输厅积极谋划交通基础设施建设"百大项目"，2020 年纳入全省"百大项目"的交通项目共 51 项，总投资 1800 亿元，5 个项目总投资超过 100 亿元。2016 年《中共中央国务院关于全面振兴东北地区等老工业基地的若干意见》明确指出，要不断提升基础设施水平，对东北地区交通基础设施建设、交通规划布局以及提升东北交通枢纽战略地位指明了方向。东北三省高度重视交通建设，各省分别制定交通发展规划，并积极展开实地调研，为推动东北三省交通建设做好规划布局。

（三）东北经济一体化发展对交通运输有着巨大的现实需求

新形势下加快推进东北交通运输发展是服务宏观经济稳增长的现实要求，只有通过建立一体化交通运输体系才能满足区域经济发展对交通运输的需求②。区域经济一体化要求有高效的运输系统支持区域经济活动，提

---

① 陈耀.新一轮东北振兴战略要思考的几个关键问题 [J].经济纵横，2017（01）：8-12.
② 徐阳，郜恩崇，苏兵.一体化交通运输体系与区域经济发展的关系 [J].理论与改革，2013（02）：97-99.

高区域经济的竞争力。东北三省经济一体化发展需要突破行政区划，促进区域整合发展的一体化道路，而交通一体化是有效突破行政区划局限的先行措施。东北地区交通一体化通过打破地区行政区划界限，建立跨地区的协调机构，通过一定的协商运作机制，制定和实施一体化的政策和措施，实现区域交通协调发展，更好地满足区域经济发展需要。通过区域交通一体化推进东北经济一体化，使东北三省各自的优势变成综合优势，实现共同发展。

（四）东北产业结构的调整要求进一步加强地区之间的交通联系

加快产业结构调整、全面提升和优化产业布局结构，是振兴东北老工业基地的重要任务。东北三省实现经济发展需要全面提升和优化产业结构，加快构建战略性新兴产业和传统制造业并驾齐驱、现代服务业和传统服务业相互促进、信息化和工业化深度融合的产业发展新格局。在未来发展格局中，东北三省区的产业结构将发生较大变化，第一产业比重明显下降，第二和第三产业比重将会上升。东北地区将以汽车、石化、钢铁、机械制造、医药、食品加工等产业为重点，加快培育资源枯竭型城市产业接续和转型，积极承接国际产业转移，吸引各类生产要素进入东北市场。东北地区经济结构和产业布局的调整，迫切需要与京津冀地区融合发展，加快与山东经济半岛的融合发展，加强与长江经济带、港澳台地区的交通联系，进一步提高运输效率，为提升东北地区综合竞争力奠定基础。

（五）东北交通一体化发展是促进经济可持续发展的要求

实现区域交通一体化的过程从根本上说就是合理调配交通资源的过程[①]。通过交通一体化可以有效地提高现有交通资源的运载能力，降低制造企业的运输成本，同时避免重复投资、重复建设，从而节约土地资源，提高基础建设资金使用效率。辽宁省借助四通八达的铁路网络，大力推进

---

① 刘建秦，孙雪梅. 山东半岛区域交通一体化研究 [J]. 科技资讯，2013（34）：226.

以港口为核心的大枢纽建设，为东北三省重工业企业转型、实现多元发展提供了重要的载体；吉林省借助高速铁路将丰富的旅游资源串联起来，不断提升人民群众的生活水平；一条条高速铁路消除了黑龙江省内发达与不发达地区的壁垒，也密切了黑龙江与内陆地区的联系，进而实现更高水平、更大范围的对外开放布局。东北地区在加快发展的过程中，必须努力实现交通建设与环境协调发展，通过积极推进综合运输体系的建立与完善，依靠科技创新，发展智能交通，提高运输效率。

（六）人民生活水平的提高要求增强交通的便捷性

随着我国社会主要矛盾发生变化，人民群众出行模式和货物流通方式正发生深刻变化，并对交通运输提出了新要求，表现在人民群众的出行需求呈现出多层次、多样化、个性化的特征，货运需求也呈现小批量、高价值、分散性、快速化的特征。交通运输是服务性行业，与人民群众生产生活息息相关。随着人民生活水平不断提高，人民群众期盼有更便捷、更高效、更绿色的出行。东北交通一体化发展有助于为人民提供更高品质、更高水平的服务，不断增强人民群众的获得感、幸福感和安全感。

二、东北交通一体化发展现状与存在问题

自东北振兴战略提出以来，党中央高度重视东北老工业基地的调整与改造。经过长期建设，东北地区形成了结构相对完整、运输能力较强、线网水平较高的综合网络体系。尽管东北地区已经形成了较为完善的交通基础设施和较为发达的交通运输系统，但在协调发展、现代化水平、运输服务等方面还存在一定的问题，与经济发展不相适应。

（一）东北交通一体化发展现状

1.综合交通基础设施网络骨架基本形成

自东北老工业基地振兴战略实施以来，东北地区交通运输快速发展，综合交通基础设施网络骨架基本形成。东北地区基本形成了由公路、铁路、

水运、航空和管道等多种运输方式构成的综合交通体系，以及较为完善的交通基础设施和较为发达的交通运输系统，运输方式齐全。首先，以高速铁路为骨架、以城际铁路为补充的快速客运网络初步建成。2018年，东北地区年铁路运营里程有1.8万公里，占全国的14%，以哈大线为纵轴，以滨洲、滨绥线为横轴，呈"T"字形骨架，与此同时又连接着70多条干支线的铁路交通网络系统，已开通纵贯东北三省的哈尔滨—大连（哈大）、长春—白山—乌兰浩特（长白乌）高铁，贯穿哈尔滨—大庆—齐齐哈尔（哈大齐）、吉林中部、辽中南等城市群的哈尔滨—齐齐哈尔（哈齐）、长春—珲春（长珲）、盘锦—营口（盘营）、沈阳—丹东（沈丹）、丹东—大连（丹大）等高铁，高铁网络架构初步成型。其次，广覆盖的公路网建立起来。公路交通网络以三大省会城市为中心，国道和省道为骨架，县、乡公路为衔接，联通出海港口、边境口岸、航空机场和铁路站点，纵横交错、联系紧密，形成"五纵六横"的干线体系，有效地补充与完善了铁路运输网络。2018年，东北地区公路通车里程为39.5万公里，占全国的8.16%。其中，等级公路里程35.9万公里，占公路总里程的90.8%，高速公路里程为1.2万公里。再次，初步形成干支衔接的水运网。东北地区内河通道里程为6967公里，占全国的5.48%。内河航运以黑龙江为主体，主要通航流域有黑龙江、松花江、乌苏里江、嫩江、鸭绿江、图们江等。目前，东北地区拥有设备齐全、机型多样的机场群和为农、工、林业等服务的专业航空运输体系，空中运输能力快速提升，辐射范围不断拓展，形成覆盖世界主要大城市、东北亚和东南亚区域城市、港澳台地区、内陆大城市和热点旅游城市等的航空运输网络。通用机场加快发展，机场轨道交通和机场快速通道加快建设，机场与其他交通运输方式的衔接更加紧密。最后，港口大通道建设发达，东北地区门户枢纽功能突出。依托黑龙江、辽宁等沿海城市港口运输发达，形成了辽宁东部、黑龙江北部大型港口建设，包括大连、营口、锦州、丹东、葫芦岛、盘锦等在内的港口，是东北地区重要的出海口。"辽满欧""辽蒙欧""辽海欧"三条综合交通运输大通道建设为东北地区贯通东北亚、连接中蒙俄、到达欧洲境内的综合交通运输大通道，有利于扩大东北全方位对外开放，促进新一轮东北老工业基地振兴。

2. 交通运输网络规模逐渐扩大

2016 年《国务院关于全面振兴东北地区等老工业基地的若干意见》中指出，规划建设东北地区沿边铁路，加快推进国家高速公路和国省干线公路建设[①]。加大对东北高寒地区和交通末端干线公路建设支持力度。规划实施以来，东北三省不断加大对交通运输规模的投资力度，加强交通运输基础设施建设，加快构架更加完善的交通网络。辽宁省"十三五"规划指出，"十三五"时期，全省交通基础设施建设规划投资 1438 亿元，力争达到 1798 亿元，分别为"十二五"时期的 65% 和 81.2%。预期到 2020 年，新增公路 1.5 万公里，全省公路总里程达到 13.5 万公里，新增国铁 1000公里，其中高铁客运专线 711 公里，全省国铁营业里程达到 6496 公里，新增港口生产性泊位 138 个，达到 539 个[②]。吉林省"十三五"规划指出，要加强高速公路建设，到 2020 年基本形成"五纵四射三横"高速公路网，全面建成"外通内联、畅乡通村、班车到村、安全便捷"的交通运输网络。支持珲春窗口加快发展，努力推进腹地、前沿、窗口联动发展和开放。加快推进连接松原、白城直达蒙古的国际运输通道建设以及中俄"滨海 2 号"国际交通走廊建设，加强与黑龙江口岸城市密切合作，扩大与东北亚各国、欧美国家开放合作。黑龙江省"十三五"规划提出加快快速铁路网和沿边铁路建设，打造"一轴两环一边"铁路网主骨架，努力建成哈牡、哈佳、牡佳快速铁路，形成"哈牡鸡七双佳哈"快速铁路东环线，力争建成"哈

① 中共中央国务院关于全面振兴东北地区等老工业基地的若干意见 [N]. 人民日报，2016-04-27（001）.

② 辽宁省交通运输建设"十三五"规划 [EB/OL]. http://jtt.ln.gov.cn/zc/jtgh/201704/t20170424_2878898.html，2017-04-24.

大齐北绥哈"铁路西环线。进一步完善公路网，加快实施国家高速公路网建设及改造，推进地方高速公路建设，打通普通国省道"梗阻段"和"断头路"，实现"县县通"高等级公路，形成"一圈一边多线"为主的公路网。以打造面向东北亚门户机场为重点，完成哈尔滨枢纽机场提档升级，适时启动第二跑道建设。推进哈尔滨、佳木斯等港口工程建设，提高港口技术装备水平和通过能力。2020年，哈尔滨至伊春高铁项目铁力至伊春段正式启动建设，加快形成高铁东西两个环线、"全省一张网"，连通哈（尔滨）大（连）高铁，加快融入"全国一张网"。

3. 交通运输保障能力较为充分

东北地区综合运输服务品质逐步提升，形成了以高速铁路、城际铁路、高速公路、沿海黄金港口和国内外航线为主通道的多层次综合交通网络，以及国际性、全国性、区域性多层次综合交通枢纽。东北地区作为老工业基地，具有特殊的地理位置和历史背景，是中国最早发展铁路和高铁的区域之一，具有相对完善和发达的铁路客货运网络。2018年，东北地区完成客运量13亿人，占全国的7.8%。其中，铁路、公路、民航为主要的承担形式，公路客运量为10亿人，铁路客运量为3亿人，民航客运量为4961万人，分别占全国的7.3%、9.9%、8.1%。完成运货量35亿吨，占全国总量的6.8%，其中铁路、公路和管道为主要的运输方式，铁路运输量为3.6亿吨，公路运输量为27.9亿吨，管道运输量为1.9亿吨，分别占全国的9%、7.1%、21.6%。完成邮政业务总量327.054亿元，占全国总量的2.7%，快递业务量11.8亿件，占全国总量的2.3%。东北地区依靠得天独厚的地理位置优势，形成了较为发达的港口运输。其中，大连、营口为沿海主要规模以上港口，2018年，大连港口货物吞吐量为4.6亿万吨，营口港口吞吐量为3.7亿万吨，占全国沿海主要规模以上港口货物吞吐量的9%。中国铁路哈尔滨局集团在大庆市让湖路站增设外贸班列装车点，充分发挥"散改集"低货损、绿色环保、装卸高效等优势，在外贸班列所需的集装箱和车型上给予充分保障。此外，铁路部门为企业在大庆至营口间开通内贸线路，畅通国内运输通道，进一步降低企业物流成本，打通服务企业"最后一公里"。目前，中国铁路哈尔滨局集团已开通绥化至营口、哈尔滨至营口等铁海快线内贸班列及哈尔滨至大连、牡丹江至大连等铁海联运外贸班列。下一步，还将推出鸡西至大连企业定制铁海联运外贸产品，积极服务新发展格局。

4. 交通设施技术装备水平相对较高

东北振兴战略实施以来，东北启动多项基础设施工程建设，突破众多关键技术，走出了一条具有世界眼光、中国特色的区域交通强基之路。在铁路方面，哈大高铁是我国目前在高纬度严寒地区设计的标准最高的一条高速铁路，也是世界上第一条穿越高寒地区的高速铁路。哈大客专沈阳至哈尔滨段长 488.29 公里，地处全线纬度最高的深季节冻土区。为攻克高寒地区高铁设计的技术难题，铁一院先后完成了高寒地区深季节冻土路基与涵洞防冻胀技术研究、高寒地区无砟轨道关键技术研究、高寒地区接触网融冰及道岔融雪等多项课题研究，解决了防冻胀路基、接触网融冰、道岔融雪等国际公认的三大技术难题，为国内高寒地区高速铁路设计提供了强有力的技术支持。在公路方面，东北最大跨度铁路转体桥——朝阳至凌海铁路客运专线跨锦阜高速公路转体桥成功转体[1]。大桥先后并行和跨越既有铁路、高速公路、国道省道及乡镇道路，建设难度极大。在桥梁建设方面，哈西大桥打通工程双塔双索面转体斜拉桥转体施工实现精准对接，采用"先建后转"方式，先平行于铁路线路将主梁预制完成，后安装斜拉索，最后利用球铰转盘将桥梁主梁转体，与设计线路相重合，实施桥梁合龙贯通，全面破解桥梁跨铁难题，刷新了高寒地区最低温度桥梁转体的纪录，标志着我国高寒地区桥梁转体技术取得了突破性进步。

---

[1] 齐中熙，冯学亮．我国东北地区最大跨度铁路转体连续梁成功转体 [J]．广东交通，2019（05）：48.

5. 交通一体化协同机制逐步完善，改革进程不断加快

东北要实现区域经济一体化发展，必须要站在区域协调发展的高度，打破行政区划、打破行业壁垒，共同促进东北综合交通运输体系的发展。2005 年《振兴东北老工业基地公路水路交通发展规划纲要》提出建立东北区域交通发展长效协调机制，推进区域交通一体化。建立东北交通发展的区域性合作协调机制，加强东北三省公路水路交通发展规划、基础设施建设、运输组织与管理、市场监管和政策法规等各方面的协调，并保障紧急状态下的运力统一调配、区域协同联动。东北三省在此基础上加大区域交通合作力度，2009 年出台了《国务院关于进一步实施东北地区等老工业基地振兴战略的若干意见》，指出加快规划内重大基础设施一体化建设。东北振兴发展战略规划中，综合交通基础设施建设一直作为规划的重点项目。2018 年，吉林省接连与黑龙江、辽宁两省签署了战略合作框架协议，进一步加强在交通运输等方面的区域合作力度，规划和完善三省之间的交通布局，推动区域经济协调发展。

6. 区域交通与经济发展深度融合

新时代的东北振兴以"一带一路"倡议为引领，以丰富的铁路网资源为依托，打造了交通运输大通道，把粮食生产、生态资源、寒地冰雪经济等独特的区域资源优势转化为发展优势，激活了东北振兴发展的"新引擎"。一是聚焦重工业。东北的经济发展明显呈现出沿交通干线"点—轴"辐射发展的模式，东北主要工业集中区，如辽中工业集中区、哈大齐工业集中区、吉林中部和大连工业集中区分布在纵轴上，辽西工业集中区、辽东工业集中区、黑龙江东部工业集中区和黑龙江西部工业集中区则分布在两条横轴之上，众多的钢铁、冶金、机械、电力、石油、化工等企业布局在交通干线附近。二是发展旅游产业。东北三省签署"1+1+1"战略合作协议，努力打破行政界线，联合打造精品旅游线路，加快基础设施互联互通，共同落实"绿水青山就是金山银山，冰天雪地也是金山银山"的理念，加强冰

雪经济发展合作。三是交通基础设施建设与扶贫紧密结合。近年来，辽宁省以"四好农村路"建设为抓手，累计投入 64.6 亿元，新建扶贫路 4730公里，以路为线，促进地方特色产业"串珠成链"，切实推动群众在家门口实现了脱贫致富①。吉林省持续改革创新，全省农村公路建设取得新成效。截至 2019 年底，全省农村公路总里程达 9 万公里，自然屯通硬化路率达 89.4%，等级公路比例达 94.9%，有力地服务支撑了农村经济发展和农业现代化建设②。吉林省延边朝鲜族自治州安图县开展沿线乡村、城镇路域环境整治，实现公路及沿线村镇清洁化、绿化、美化，打造了畅安舒美的通行环境，使得贫困地区的面貌发生了极大的转变。四是发展廊道经济。中蒙俄经济走廊是"一带一路"六大经济走廊之一。东北地区充分发挥地处中蒙俄经济走廊的区位优势，在不断深化供给侧结构性改革、满足运能和运力的基础上，深入挖掘从大连、沈阳、长春、哈尔滨到满洲里和俄罗斯赤塔的货源，推动物流基础设施建设，不断提升中欧班列的服务质量和运行品质，有力促进东北地区的对外开放。

（二）东北交通一体化存在的问题

虽然东北地区形成了较为完善的综合交通运输体系，但随着新一轮东北振兴战略规划的发展，特别是东北经济一体化发展，运输要求呈现出多样化、智能化的发展趋势。东北交通一体化发展在强化基础设施、支撑保障能力、提升集疏运效率等方面，仍存在一定的问题。

1.交通基础设施有待完善，集疏运网络尚未形成

铁路、公路运输是东北地区占绝对优势的运输方式，其他运输方式发展相对缓慢。一是东北高铁网络仍处于"核心—核心"向"核心—网络"

---

① 辽宁新改建两万多公里农村公路"串珠成链"[EB/OL]. https://www.chnrailway.com/html/2020/10/1925059.shtml，2020-10-19.

② 吉林"四好农村路"提品质强服务 [EB/OL]. http：//www.mot.gov.cn/jiaotongyaowen/202009/t20200914_3464718.html，2020-09-14.

的空间链接模式过渡。哈大"干状"主轴骨架，长珲、沈丹、丹大、哈齐、长白乌"枝状"轴线虽已成型，但东北地区内部的辅助线、延伸线和联络线等"叶状"架构仍需扩展联结，与东部、中部部分省域内外的区际、城际、客运专线，与俄、朝、韩的国际干线还需进一步完善。辽宁、吉林以及黑龙江由于高寒天气以及多山地形，高铁建设密度与京津冀、长三角地区相比，高铁建设力度仍需进一步加强和推进。二是东北地区公路主要是口岸公路，等级不高，缺乏干线公路连接，对外联系不畅；出关公路等级不高、衔接不畅，对外公路运输联系仍需进一步完善；内部公路基础设施规模总量不足，等级结构和技术标准偏低。三是黑龙江内河航运受自然条件等诸多因素限制，发展相对缓慢。四是航空集群效应不足，航空的交通功能和消费属性没有得到充分的发挥，未能满足多样化、个性化的社会服务需求，与国内其他地区联系的支线航空网有待进一步完善，航空运输主导地位需进一步提升。

2. 交通基础设施分布不均衡，区域交通联系有待加强

交通基础设施分布不均衡，综合交通运输通道空间分布呈现出明显的"东多西少，南多北少"状态，通道中道路等级和路网密度地域性差异大。一是铁路布局受地理环境以及人口、资源分布的影响，整体上呈现出南多北少。辽宁省以及吉林省铁路密度高于黑龙江省。辽宁省铁路布局网中，与沈阳枢纽相关的铁路线有京哈线、沈山线、沈大线、沈丹线、沈吉线、沈丹高铁，与锦州枢纽相关的铁路线有锦承线、锦赤线、高新线、新义线、魏塔线、沟海线。吉林铁路布局网中，与长春枢纽相关的铁路线有长图线、长白线、长吉高铁，与四平枢纽相关的铁路线有四梅线、平齐线，与通辽枢纽相关的铁路线有通霍线、通让线、京通线、大郑线。黑龙江铁路布局网中，与哈尔滨枢纽相关的铁路线有滨绥线、滨洲线、滨北线、拉滨线、绥佳线、牡佳线、牡图线、齐北线、富西线。二是高速公路布局整体上呈现出东多西少。东北地区高速公路纵线及联络线主要有鹤岗—大连高速公

路、鹤岗—哈尔滨高速公路、集安—双辽高速公路、丹东—阜新高速公路、沈阳—海口高速公路、长春—深圳高速公路、阜新—锦州高速公路以及大庆—广州高速公路。横线及联络线有绥芬河—满洲里高速公路、哈尔滨—同江高速公路、珲春—乌兰浩特高速公路、吉林—黑河高速公路、沈阳—吉林高速公路、丹东—锡林浩特高速公路。总体上高速公路呈现出东多西少、南多北少的布局。三是东北较大型港口分布在辽宁省沿海附近，如大连港、丹东港，黑龙江省由于受到高寒天气影响，导致内河航运发展受阻，港口贸易多集中在东北地区南部。

3. 交通运输方式的一体化衔接不畅，综合货运枢纽建设相对滞后

东北沿海运输已基本形成以大连港、营口港为主，锦州港、丹东港等为辅，同国内港口及世界多个国家和地区联系的海上运输网络。大连北站综合交通枢纽工程计划于2021年底完成建设。北站枢纽项目建成后将彻底填补东北大型综合交通枢纽的空白，成为全东北建筑规模最大的综合交通枢纽，实现了长途客运、铁路、地铁、公交、出租、私家车、水路、民航等八种运输方式便捷换乘、无缝衔接，对加速完善现代综合运输服务体系有着推动作用。但和世界级的港口口岸相比，大连港在基础设施建设、绿色物流管理、信息化网络化以及物流机械自动化方面还存在一定的不足，并且海空双港枢纽辐射能力有待进一步提升。

4. 交通运输服务能力和水平有待进一步提升

经济一体化加快发展步伐，刺激了区域交通需求的增长速度。东北地区虽然有全国最发达的综合交通运输网，但存在着旧线改造不及时、新线建设跟不上的问题，交通运输服务能力和水平有待进一步提升。一是东北地区高速公路发展较快，但沟通大中城市的高速公路网络还不完善，高速公路对外通道较少、辐射能力十分有限、规模效益难以充分发挥。2018年，东北地区高速公路总里程占全国公路总里程的8.5%，一级公路、二级公路所占比重较低，干线公路的通行能力和服务水平亟待提高。此外，东北寒

冷的气候条件导致公路病害多发，养护成本高，加之交通建设资金不足，交通基础设施建设及运营维护资金较为缺乏，导致干线公路中超期服役的公路、桥梁存在安全隐患，加上农村公路因管养不到位、超载超限重车作用，路面破损严重、路况下降，出现"油返砂"状况，由通畅变为不通畅，即"畅返不畅"。二是运输结构不合理、物流成本偏高，供给侧改革还需进一步深化。东北地区77%的客货运依赖公路，集约化的铁路运输比重较小。大型综合交通枢纽如机场、火车站等集疏运方式依然以小汽车和公路方式为主。三是部分重点景区缺少高等级公路连接、旅游公路附属设施不完善、服务水平低等问题依然存在。

5.交通基础设施内联外通建设有待进一步优化

东北拥有联系国内的四条重要运输大通道——西部通道、中部通道、进出关运输大通道、环渤海跨海运输大通道。东北以沈阳和哈尔滨为核心，哈尔滨面向北亚、沈阳面向东亚及国内。在客运系统方面，对外（国际）客运系统以哈尔滨为面向北亚的国际航空客运中转中心，以沈阳为面向东亚的国际航空客运中转中心。东北与京津冀一直以来关系密切，京津冀未来增长，必须勾连东北，把东北作为重要战略腹地。同样，东北需主动与京津冀连成一体，未来应该会有广泛的互补。由于受到地理环境的影响，东北西部地区与京津冀之间的高速公路以及国道规划通道较少，不能充分满足东北与京津冀之间互联互通的要求。大连市拥有特殊的门户城市特征，即对外联通能力强，但未形成足够吸引力。

6.区域协调机制有待健全，全方位合作局面亟待形成

在现行管理体制条件下，各行政区域间、相关行业间及部门间加强协调与合作，是促进区域交通一体化的有效途径。但目前公路、水路、铁路、航空、管道交通分属不同的部门管理，地区间、相关行业间及部门间的协调仍存在体制障碍，相互开放和相互协作的程度和水平还远不能满足交通一体化发展的要求。同时，东北三省及其周边省区交通部门之间，城建、

土地、环保、水利、交通等相关部门间协调不够，在基础设施建设、运输服务、政策法规以及对土地、岸线和水资源的综合利用与管理等方面都有待进一步加强协调。

三、东北交通一体化发展对策

当今世界正经历百年未有之大变局，我国发展仍然处于重要战略机遇期，区域交通一体化发展也面临更多风险和挑战，科学谋划东北地区交通一体化发展任务对于东北振兴具有重要意义。

（一）东北交通一体化建设的基本原则

东北交通一体化发展要贯彻新发展理念，坚持高质量发展，坚持统筹融合、创新发展，着力推动交通发展方式实现转变，为构建以国内大循环为主体和国内国际双循环相互促进的新发展格局、东北全面振兴全方位振兴大局提供有力支撑和保障。

1. 立足全局，科学发展

在大力推进区域交通率先发展的同时，通过基础设施建设和政策扶持交通待发展区域，促进资源的合理、均衡布局。东北中部与东西部经济发展存在差异，交通基础设施投资建设应当区别对待。对于东北中部交通经济带，由于交通基础设施累计投资已经具有一定规模，交通网络较为发达，发展更需要重视交通基础设施质量的提升，建立现代化程度高的完善的交通运输体系，以适应高新技术产业和现代服务业的发展；对于东西部地区，应重点提高交通基础设施总量，提升交通网络密度，尤其是对于一些农业基地和能源基地，应加快建设与中部城市的联系通道，同时转变政府职能，优化投资环境，提高区域竞争软实力，以便更好地发挥交通基础设施对经济增长的促进作用。

2. 加强管理，提升服务

东北三省之间要强化地区间、部门间在重大政策、重大工程等方面的衔接协调，统筹规划、设计、建设、运营、管理、维护等各环节，充分考虑地区差异和运输需求，因地制宜、有序实施。以全面改善服务质量、提升管理水平为核心，更好地界定政府和市场的关系，全方位提升交通运输行业管理水平。以提高人民群众满意度为核心，以解决与人民群众关系最密切、要求最紧迫的服务问题为着力点，规范运营管理，优化设施配置，强化服务功能，满足公众高品质、多样化的服务需求。积极适应个性化、多样化出行和新业态、新模式发展需求，优化交通网络布局和运输结构，全面提升运输组织水平，提供品质更优、效率更高、安全可靠的运输服务。

3. 改革创新，增强活力

推进信息基础设施协同发展和信息资源共同利用，对于东北交通一体化发展具有重大意义。全面深化交通运输改革，加快体制创新、技术创新、政策创新、管理创新，形成安全、便捷、高效、绿色的现代综合交通运输体系，推进治理体系和治理能力现代化。全面深化交通运输重点领域和关键环节改革，打破行政分割和市场壁垒，深度融合新技术新业态，推动各类要素高效配置和便捷流动，推广应用现代信息技术，以信息化带动交通运输现代化。[①]

4. 安全可靠，绿色集约

建立一体化交通运输系统的基本目标是构筑人性化、捷运化、信息化和生态化的交通运输空间。一方面，牢固树立"安全第一"理念，全面提高交通运输的安全性和可靠性。以人的交通运输需求为基本出发点，使人们在出行过程中享受到高品质的生活；以快速大容量的公共交通为运输主体，优先确保广大公众的交通利益，提高运输效益，加强交通运输安全体系建设，把安全发展的理念贯穿到各个领域中，全方位确保公众安全出行

---

① 王元媛. 以信息化带动交通运输现代化 [J]. 交通世界（运输·车辆），2011（09）：26-27.

和货物运输安全。另一方面，把生态保护、节能减排的绿色发展理念贯穿到交通基础设施规划、设计、建设、运营和养护全过程。只有注重区域交通运输的可持续发展，才能实现整个城市群的协调发展。为此要在交通运输建设过程中充分考虑生态环境因素，有效避绕生态环境敏感区域，降低交通运输对生态空间的占用和资源能源消耗，建设与生态环境相协调的绿色交通体系，走交通现代化与生态环境相协调的可持续发展之路。

（二）东北交通一体化建设的保障措施

1. 加强区域部门协作，深化交通基础设施布局规划

东北三省要全面对标京津冀、长三角等区域交通一体化发展先进地区，在交通运输规划方面始终坚持三地一盘棋，统筹推进轨道交通一体化规划、建设、运营。一是要加快建立东北交通发展的区域性合作协调机制，整合条块分割，减少多头管理、重复管理，从制度上保证区域交通运输一体化，完善振兴东北老工业基地区域交通建设规划的制定。二是要完善交通基础设施建设规划机制，加强三省之间的铁路、公路、港口等中长期专项规划衔接。三是要着力加强顶层设计，加强东北三省公路水路交通发展规划、基础设施建设、运输组织与管理、市场监管和政策法规等各方面的相关规划，并保障紧急状态下的区域协同联动。首先，完善东三省交通运输组织与管理机制建设。强化综合统筹力度，建立健全地方、中央部门之间协同推进机制，协调解决跨区域重大交通基础设施规划、建设、运营等关键问题，完善跨部门查验互认、资源共享等重大政策。发挥区域合作机构作用，充分调动三省积极性，优化轨道交通网络一体化布局，统筹推进省际公路、航道等互联互通，协同推进重大项目。其次，完善区域交通市场监管机制。突破地方保护和体制机制障碍，建立利益共享的区域合作机制，推进港航、航空等交通资源跨区域整合。加快完善以信用为基础的新型监管机制，进一步优化营商环境、规范市场秩序、维护公平竞争，协同建立公平统一的规则。创新交通投资、物流、贸易自由化便利化制度，促进资源要素自由

流动。最后，推进东北地区交通政策法规建设，充分发挥中国交通运输协会的作用。

2. 完善综合交通运输体系，促进多种运输方式深度融合

要加快综合交通网络建设，为区域经济一体化发展提供便捷的交通。继续推进综合客运枢纽建设，按照统一规划、同步设计、同步建设的要求，促进多种运输方式高效换乘和衔接，加快具有多式联运功能的物流园区、集装箱作业中心、快递分拨中心、国际陆港等设施的建设。铁路方面，加快京沈高铁、哈佳、沈丹、丹大、吉图珲、哈齐、哈牡等快速铁路建设，推进赤峰、通辽与京沈高铁连接线前期工作；贯通东北东部铁路，研究建设黑龙江省沿边铁路；实施滨洲铁路、哈牡铁路等电化扩能提速改造；加快推进渤海跨海通道工程前期工作。公路方面，启动京哈高速公路扩容改造，加快辽宁铁岭至本溪、吉黑高速吉林至荒岗段等国家高速公路"断头路"建设，推进国道203线吉林段、国道201线鹤岗段等普通国省干线公路改扩建，消除瓶颈路段，加大边防公路和林区森林防火应急道路建设。机场方面，加快哈尔滨机场改扩建工程建设，推进大连新机场、沈阳机场二跑道、长春机场二期扩建、长海机场扩建、延吉机场迁建，以及松原、建三江、五大连池、绥芬河等支线机场前期工作。城市轨道交通方面，重点推进大连、沈阳、长春、哈尔滨及其他符合条件城市轨道交通建设。加大国际运输通道建设力度，打通经俄罗斯的中欧铁路大通道，重点推进中俄同江铁路大桥、中朝丹东鸭绿江界河公路大桥、集安公路大桥等重点项目建设，开展中俄抚远、黑河等跨境铁路项目前期研究，积极推进中蒙铁路通道建设。

3. 强化创新能力建设，加快智慧交通建设

坚持创新发展，完善智慧交通顶层设计，用"互联网＋"引领交通创新发展，全面构建智慧交通管理与服务体系。一是加快完善科技创新体系。鼓励支持以企业为主体的协同创新平台建设，整合优势资源，重点突破公路基础设施建设养护、综合运输与现代物流发展等领域的技术瓶颈。建立

有利于科技成果转化的利益协调机制，推进区域性交通科技中介服务网络建设，大力实施交通科技成果推广计划和示范工程，逐步建立科研成果标准转化机制，加快形成公路工程、运输服务、信息化技术标准体系，充分发挥科技创新在提高发展质量、提升管理和服务水平上的引领支撑作用。二是加大对交通运输科研和教育的投入力度，推动信息新技术在交通运输行业的深度融合与应用创新。协同共建现代智能交通系统，以智慧化信息手段，实现运输服务水平提升。加快综合交通运输调度与应急指挥系统联网建设，建立覆盖全面、反应迅速、统一指挥、协调联动的交通运输安全保障体系。三是全面加强东北地区交通运输数据资源共享开放。整合区域内既有平台和公共资源，依托企业平台，提供全链条、一站式综合交通信息服务。运用人工智能等现代化信息技术手段，深化国家交通运输物流公共信息平台建设，支撑区域一体化智慧物流服务，完善东北地区电子运单互联标准。完善江海联运数据交换节点和数据交换规范，共建船货交易、船舶拍卖、综合物流等专业平台。进一步加强沿海主要港口航标、潮汐、水文、气象等监测终端布局建设，构建航行保障信息感知体系和公共信息服务平台。建设区域数字化监控平台，推动区域内运输管理全过程无缝衔接和监管数据实时交换，打造道路危险货物运输电子运单报备系统。

4.完善投融资体制，为交通运输建设提供保障

健全完善政府统筹、分级负责、多元筹资的投融资体制，深化投融资体制和行政审批制度改革，加快建设现代交通运输市场体系，拓宽交通运输投融资渠道，形成多层次、多元化投入格局，实现公路、铁路等交通基础设施建设和发展的良性循环。围绕交通运输重点项目，积极争取国家专项资金、产业投资基金支持，加大省产业投资基金、政府债券资金支持力度，积极引入社会资金投入。按照"政企分开、市场导向"原则，多渠道筹措交通运输建设资金。推进政府和社会资本合作（PPP）模式；积极争取中

央与地方财政支持[①]，形成投资多元化，突出市场主体，改变以政府主导的国家投入为主的交通运输投资现状，为交通基础设施建设提供可持续资金保障。

5. 推进交通运输服务一体化，全面提升服务水平

加强高速公路管理，建立快速反应、快速维修、快建保通和精细化养护"三快一精"的养护管理体制。加强普通公路管理，以精品示范工程为引领，强力推进养护示范路和绿化精品工程建设，提升公路整体服务水平。加强港口管理，加快港口集疏运体系建设，大力发展公铁水等多式联运，提升港口作业效率。加强工程质量管理，加大从业单位、人员质量行为规范和现场实体工程质量监督检查力度，严肃质量问题查处，健全完善科学的质量评价和质量保证体系。加强建设和运输市场管理，强化招投标、设计变更等重点环节管理，规范道路运输、水路运输市场秩序，健全完善信用体系，建立和完善统一、开放、竞争、有序的市场秩序。加强财务控制管理，严格执行财务预决算制度，强化交通专项资金审计监督和造价审查，有效降低工程造价和管理成本。

6. 完善规划实施机制，确保规划有效落实

建立发展改革、交通、铁路、邮政、民航等部门参加的联席会议制度以及工作协调与联动机制，及时协调解决综合交通运输规划、建设和管理等重大问题。做好区域交通一体化的规划编制工作，积极推进交通运输一体化的规划和建设工作，并把总体规划提出的任务目标分解到每一个计划年度中，保证重点领域规划目标的实现。加强对规划实施的监督检查，将其列入绩效管理考核目标，自觉接受人大、政协对规划执行情况的监督。建立规划中期评估制度，当规划实施中环境发生重大变化或受其他重要原

---

① 李云汉，魏永存，林坦，张帅，刘琪.城市群综合运输服务一体化问题与对策——以长江中游城市群为例 [J].综合运输，2017，39（10）：94-99.

因影响时，及时提出调整方案。各级交通运输部门要提高规划意识，自觉用规划指导工作，保证工作的系统性和连续性，确保规划提出的目标任务全面完成。

|第七章|

创新一体化是东北区域经济一体化的
根本动力

党的十九届五中全会强调："坚持创新在我国现代化建设全局中的核心地位。"① 这是提升自主发展能力、提高可续发展水平的必然选择，是保障产业安全战略的必然要求，是建设社会主义现代化强国的必要途径。创新是发展的动力和源泉，一个国家、一个地区要想实现高速发展，必须高度重视创新在各个方面的强大带动作用，把创新摆在关键位置上。新时代区域之间的竞争不再仅限于区位优势、产业优势，而是更多发展为知识、技术、人才等方面的竞争，归根结底是创新竞争。创新一体化越来越成为推动区域经济一体化的主要力量，成为突破区域经济一体化发展中的地理环境等要素限制的关键钥匙。东北地区生产的大部分产品长期处于全球价值链的中低端，这就迫切要求不断打造协调合作、具有更高水平的东北创新区域共同体，从而促使东北区域经济一体化发展迈向新的起点。

---

① 习近平. 中国共产党第十九届中央委员会第五次全体会议公报 [M]. 北京：人民出版社，2020：18.

一、东北创新发展现状分析

要想推动东北创新一体化向前发展，就要对其发展现状进行透彻深入的分析。总的来看，经过近些年的不断努力，东北创新一体化已经取得了一定程度的进展，已初步建立起创新体制机制，但是东北地区的创新发展水平和发展层次仍然不够深入。在现今的信息时代，提升科技创新能力、成果转化效率以及加大科研经费投入力度显得极其重要，而东北地区却在培育创新型人才、科技创新投入等这些关键方面仍明显落后于南方发达地区，急需增强东北区域经济发展的内生动力和发展潜力。

（一）科技创新综合实力逐年提升

近年来，东北经济企稳向好，其中一个关键原因就在于科技创新综合实力的不断提升，科技引领在东北地区经济发展中的作用高度显现出来。辽宁省建成沈阳科学国家研究中心，国家机器人创新中心在沈阳揭牌成立，华为辽宁大区（锦州）云计算中心项目进展顺利。2018 年，辽宁省研究与试验发展（R&D）经费支出 438.2 亿元，年末从事研究与试验发展（R&D）人员 14.7 万人，发明专利申请 25476 件，同比增长 24%。技术市场签订各类技术合同 1.8 万项，技术合同成交额 499.9 亿元。全年获国家科技奖 17 项（人），其中自然科学奖 1 项、技术发明奖 2 项、科技进步奖 13 项、国际科技合作奖 1 人 [1]。黑龙江省一重集团参与完成的 1 项重大科技成果获国际科技进步奖特等奖，全省主持和参与项目共获国家科技奖励 19 项，省科技授奖 281 项，获奖成果近三年产生直接经济效益 75.26 亿元。全年共签订技术合同 3405 件，成交金额 170.1 亿元，比上年增长 12.8% [2]。吉

----

① 2018 年辽宁省国民经济和社会发展统计公报 [EB/OL].http：//lnsts.com/TongJiShuJu/2019−02/2344.html，2019−02−26.

② 2018 年黑龙江省国民经济和社会发展统计公报[EB/OL].https：//www.hlj.gov.cn/zwfb/system/2019/06/06/010901755.shtml，2019−06−06.

林省全年发明专利申请量 10530 件，增长 35.3%；全年有 4 项科技成果获得国家科技奖励，20 项科技成果获得科技进步一等奖，90 项科研成果获得省级科技进步二等奖，104 项科技成果获得省科技进步三等奖；5 项科研成果获得省科学技术发明三等奖；11 项科研成果获得省自然科学一等奖，17 项科研成果获得省自然科学二等奖，20 项科研成果获得省自然科学三等奖。全年签订技术合同 4252 份，实现合同成交额 341.93 亿元，比上年增长 55.58%[1]。

（二）创新驱动的顶层设计逐步完善

2018 年起，东北深入贯彻创新驱动战略，先后出台了一系列关于创新发展的政策法规，完善科技创新体系机制，营造优化创新生态，为东北的创新发展营造良好的氛围。辽宁省制定出台了《关于以培育壮大新动能为重点激发创新驱动》《辽宁省建设国家重要技术创新与研发基地工程框架实施方案》《关于全面加强基础科学研究的实施意见》和《关于进一步加强科研诚信建设的实施意见》等一系列政策文件。黑龙江省为了增强自主创新能力，加快科学技术成果转化，推动科技型企业快速发展，出台了《黑龙江省新一轮科技型企业三年行动计划（2018—2020 年）》《黑龙江省科学技术进步条例》《中共黑龙江省委黑龙江省人民政府关于深入实施创新驱动发展战略推进科技强省建设的若干意见》等文件。吉林省创造性提出了新型研发机构"东北亚创新研究院"建设构想，出台《吉林省人民政府关于加快新型研发机构发展的实施意见》，探索通过"民办官助""企业创办""国有新制"等运作方式，组建一批先进技术研发、成果转化和产业孵化创新平台，使新型研发机构在全省重点行业中发挥重要作用。东北地区各级政府以中央文件精神为指引并结合地方发展现状，制定《关于推进大众创业万众创新的若干政策措施》《辽宁省强化实施创新驱动发展战

---

[1] 李万军. 中国东北地区发展蓝皮书 [M]. 北京：社会文献出版社，2019：335.

略进一步推进大众创业万众创新深入发展的政策措施》《辽宁省壮大战略性新兴产业实施方案》等，为区域创新发展营造优质软环境。

（三）创新平台载体建设稳步推进

目前，东北地区科技创新平台建设基础良好，拥有较多的高等院校、研发院所以及创意性研发机构，人才队伍比较庞大。仅辽宁省就有高校115所，科技研发机构1700个，包括国家重点实验室17个、国家级工程技术研究中心12个，现有省级以上高新区19个，其中国家高新区8个，国家自主创新示范区高新技术产业经济带建设步伐加快。吉林省建有19个省级科技成果转化中试中心、62个科技企业孵化器以及众创空间、30个省级技术创新战略联盟、72个重点实验室（其中国家级12个）、5个国家级工程技术研究中心、175个省级工程研究中心和工程实验室、330个省级以上企业技术中心、116个科技创新中心，现有14个省级高新区、5个国家级高新区。黑龙江省新增省级科技创新基地144家，其中，省级技术创新中心89家，省级重点实验室38家，院士工作站和科学家工作室17家。省级技术创新基地总数达到740家，其中，68%的省级重点实验室布局在高校，75%的省级技术创新中心和院士工作站、科学家工作室建在企业。现有国家产业发展的高新区3个和省级高新区3个[①]。这些院校和研发机构成为推动科技创新、成果转化和高新技术产业发展的重要载体平台。

（四）科技服务总体运行稳中有进，存在较大上升空间

东北长期以来以第一、二产业为主，第三产业有所发展，但发展速度较为缓慢，比重占比仍相对较低，落后于其他地区，制约着东北的整体经济发展。为响应国务院《关于加快科技服务业发展的若干意见》提出的推进科技创新，东北三省也相继出台了推动科技服务业发展的文件政策，提供了相应的政策支撑，东北的科技服务相关建设和发展正处于起步阶段。

---

① 李万军. 中国东北地区发展蓝皮书 [M]. 北京：社会文献出版社，2019.

目前，从科技服务法人单位的增长率和数量来看，东北三省均意识到了科技服务的极端重要性，投入资金和产业规模不断增长，其科技服务法人企业单位数量正在逐年持续增长。其中，辽宁省的科技服务法人企业单位的增长率和数量远高于吉林省和黑龙江省，虽然其他两省有所增长但是增长速度仍然较为缓慢。从科技服务业的人力资源投入来看，三个省份之间存在着较为显著的差别，辽宁省依旧在东北三省中投入最多，另外两省相较于辽宁省来说仍存在较大的差距。就东北的科技服务机构来说，规模普遍偏小、结构模式比较简单划一、服务质量和水平较低。

（五）科研经费投入力度不断增大

从历年科研经费投入的数据来看，东北地区在科研经费上的投入越来越多，总体上呈现出不断上升、稳步增长的趋势，结构不断发展优化。就2018年全国科技经费投入统计公报数据显示来看，辽宁省的科研投入为三省之最，2018年辽宁省研究与试验发展（R&D）经费支出460.1亿元，约为吉林省和黑龙江省的四倍，但是上海、浙江、广东等一些发达省份和城市的研究与试验发展（R&D）经费投入已经高达千亿元，约占全国总比例的6.9%、7.3%、13.7%，而东北三省2018年的研究与试验发展（R&D）经费投入强度则仅占全国总比例的1.82%、0.76%、0.83%，仍然较全国2.19%的平均投入强度低，创新发展活力偏弱[1]。东北区域发展成效有所显现，东北区域的整体研究与试验发展（R&D）较2017年来说有极大程度的增长，企业主体投入费用、高制造业投入费用、基础研究费用不断增长。

（六）专利申请数量日益增多

随着近些年的发展，东北地区用于科研以及人才培养的经费逐年增多，科研成果也日益增多。首先，就有效专利数量来说，2018年，辽宁、吉林、

---

① 2018 年全国科技经费投入统计公报 [EB/OL].http：//www.stats.gov.cn/tjsj/zxfb/201908/t20190830_1694746.html，2019-08-30.

黑龙江三省专利申请授权数占全国总数的比重分别为1.5%、0.6%、0.8%，仍然低于中部和东部地区，有较大的发展空间。其次，从专利增速来看，2003年的专利增速仅为全国专利申请平均增速的三分之一，到了现今专利申请数量的增速已经大幅度提高，但是与此相对应的是专利申请资源的数量却在全国专利申请资源总数中的占比逐年减少，其增长量相较于其他地区来说还是比较少的。最后，从专利申请的质量上来看，东北地区均低于全国大部分地区，仅略高于西部地区，每亿元的有效专利数量仅4.4件，为全国平均有效专利数量16.7件的四分之一。

（七）创新人才队伍建设速度加快

从近些年发展来看，东北地区创新人才培育方面取得一定进展，但是仍然有不足之处。首先，东北地区教育资源和科研资源优势较为明显。以"双一流"和"双特色"建设为契机，东北大学、大连理工大学、吉林大学、哈尔滨工业大学等诸多高等院校，为东北地区创新发展贡献人才力量；同时沈阳飞机设计研究所、中国航空工业空气动力研究院等诸多科研院所为创新发展提供智力支持。2018年，东北三省的高校数量、高校教职工人数、高校高级以上职称人数等与创新相关的要素占全国的比重均在8%以上，其中，"双一流"高校11所，占全国高校的7.9%，高校高级以上职称人数占比超过10%，均高于东北三省人口和经济总量占全国的比重。其次，从高校的人才队伍来看，东北地区国家院士数量、国家杰出青年、优秀青年等均储备充足。东北地区高校在"长江学者"特聘教授、讲座教授以及青年学者上的数量上相当可观，虽然仍不及华东、华北地区，但相较于华中、西北地区已经极大地缩小了差距。最后，从2019年度的国家科技奖来看，东北地区科技创新能力卓越，吉林大学的"CALYPSO晶体结构预测方法与应用"、东北大学的生产全流程多目标动态优化决策与控制一体化理论及应用、东北师范大学的低维氧化物半导体同质/异质界面构建与应用基础研究等获得国家自然科学二等奖，大连理工大学高性能精密制造创新团队获得了国家科技进步创新团队，东北林业大学的东北东部山区森林保育与林下资源高效利用技术获国家科技进步奖二等奖。

二、东北创新一体化面临的发展困境

东北作为我国重要的工业基地，积极响应国家的"创新驱动"的战略国策，科技实力和创新能力显著提升。但东北创新一体化还有许多不完善的地方，主要表现在以下几个方面：地区创新政策有待优化完善，科技服务供给能力亟待提升，科技创新平台建设在共享方面存在短板，地区间创新资源要素整合面临困境，统一的创新协调机制建设的重要性日渐凸显等。

（一）地区创新政策有待优化完善

首先，创新政策存在一定差异。东北地区三省地域范围较为广阔，人口数量众多，其区域内各城市之间的创新政策存在着较大的差异性。例如有些地区是资源枯竭性城市涉及城市转型发展的问题，有的则是城乡之间差距过于悬殊从而制约发展的问题，有的是产业优化的问题等。由于这些城市、地区发展的差异性，导致区域发展的各项政策往往不能一概而论，需要依据地区发展的实际状况来制定相应的政策措施。近些年来，东北地区为了促进区域创新发展，出台了关于人才引进、科技创新、创新性成果转化等方面的政策法规，但由于各地在财政、行政等具体体制政策方面存在一定的差异性，导致东北的创新发展支持力度和扶持标准不够统一。

其次，政策制定的精准性不强。东北出台的创新政策文件数量较多，但大多属于贯彻落实中央和国务院的指导性文件，在全面激发全区创新活力和提升创新能力的精准性、指向性上还缺乏统筹设计。调查问卷显示，近三年来对企业开展创新活动影响较大的阻碍因素中，"缺乏技术人员或技术人员流失""缺乏来自企业外部的资金支持""很难找到合适的创新合作伙伴"排在前三位。而现有政策体系中却无系统、精准解决上述问题的办法与措施。以人才政策为例，现有政策对引进人才的规定多、支持力度大，但对如何挖掘、培育和支持本土人才的规定少且力度不够。完全靠外引人才难以解决科技创新长期发展的问题。

最后，创新政策执行力度不够。一是宣传、辅导和培训不到位，精准度有待进一步加强。东北地区对创新政策的宣传工作不够到位，部分企业对税收、金融、人才、产业等各个方面的政策的具体内容了解不全面，阻碍创新政策效用的发挥。二是政策执行涉及多个部门，缺乏一站式窗口。创新政策落实通常涉及多个政府机构、多个环节，某一个部门或某一个人不配合，就可能造成"卡脖子"。对于企业来说，创新政策的申请涉及的政府管理部门较多，使得他们对创新政策的申请流程操作起来比较困难。三是一些政策条款模糊，不够具体。当前，科技成果转化法规、推进成果转化的具体细则仍不够明确，而这些细则关系到创新成果能不能切实转化为经济发展的推动力量。

（二）科技服务供给能力亟待提升

首先，科技服务网络不完善。服务机构与服务对象之间的信息必须实现最大限度的对接，而东北地区的科技创新服务机构发展相对滞后、科技服务网络不够健全完善、信息来源不够畅通，这些给信息共享带来了巨大的障碍，导致信息的准确度和完整度不够。此外，科技创新服务的主体部分与基础设施建设尚未实现完全整合，还是处于相分离的状态，导致省市之间、行业之间、产业之间也处于信息对接不对等的状态中。各类创新创业中心以及科技中介机构尚处于初步发展阶段，存在着相当数量的机构规模较小、服务手段落后、人才队伍建设滞后等问题，难以满足日益增长的服务需求，不能适应经济科技发展的要求，已成为国家创新体系建设中亟待加强的薄弱环节。总的来说，现阶段东北地区的科技创新服务机构服务功能、服务方式、服务内容等都比较单一，而且由于东北地区对科技创新服务机构缺乏充足的宣传，导致企业单位对这些机构了解不足，不能发挥科技创新服务机构的应有价值和现实效用。

其次，缺乏相应的管理和运行机制。东北最初的科技创新服务机构发展是在计划经济向市场经济转型时期建立起来的，大多是由政府牵头，和政府机关之间保持着密切联系。随着时代的发展，科技创新服务机构进行了一定的改革，但仍然存在着很浓厚的公益色彩，再加上这些机构没有完全充分的改革，可能存在着某些职能缺失，与市场联系较弱，对市场变化信号感应较弱，难以适应市场的要求，加上机构管理比较落后，使得经济效益难以达到预期，从而阻碍了东北经济发展的创新一体化进程。

最后，缺少高端科技服务人才。东北人才流失现状相当严重，科技人员、管理人员等基本上都是依靠人才外部迁入，同时管理人员、科技人员也存在着结构不合理、知识储存陈旧等问题。东北的高端人才尤其是学科领军人才数量相对较少且年龄相对偏大。院士年龄多在80岁左右，高端人才队伍发展缺乏后劲。据统计，2014年至2018年，黑龙江省高校到省外创业和工作的生源毕业生数量约为25.17万人，年均流出5.03万人。仅有14%的考入省外高校的学生回省就业[①]。东北三省经济下行压力加大，工业及第三产业增长缓慢，缺少优厚待遇的吸引，高层次人才引进柔性政策不灵活等，导致引才乏力，成熟人才纷纷出走，成为困扰东北当前经济持续发展和东北振兴战略的主要问题之一。此外，与长三角、珠三角、京津冀地区相比，东北地区的人才发展环境生态不佳，在职称评审、创业支持、优待医疗、养老保险、医疗保险、子女入学、交通出行等方面仍存在较大差距。

（三）科技创新平台建设在共享方面存在短板

首先，缺少宏观层面的统筹布局。就东北地区的跨区域合作科技创新平台来说，一般是由各个政府共同牵头、管理、投资的，导致管理、投资较为分散。东北地区的科技创新平台建设缺乏一定的前瞻性思维，还未形

---

① 东北7年超164万人外流　黑龙江几乎所有城市人口都在净流出 [EB/OL].
https：//finance.sina.com.cn/roll/2020-09-11/doc-iivhuipp3661440.shtml，2020-09-11.

成系统完备的按照学科、地区、行业等不同方向发展的统一的共享规划管理方法，导致科技人员往往会忽视对创新信息的共享工作环节，从而引发创新信息共享不规范、科技创新平台的建设目标不明确等不良现象，导致科技研发中心和科技创新平台建设过程中有些功能出现重复设置的问题，最终导致各项资源的浪费。此外，有些政府在建设科技创新平台过程中，把关注重点放在平台的建设数量上，忽视了平台的布局结构。东北地区的科技创新平台大部分是布局在高校和科研院所，企业则分布相对较少，这就与企业在科技创新中所占据的主体地位严重不符。就有些产业行业的重点领域来说，各项资源要素投入不足，科技创新平台对这些资源要素发挥的支撑作用力度不够，与之形成鲜明对比的是，某些行业、某些领域的资源要素又大多处于一种闲置状态。这显然是由于科技创新信息不对等所造成的后果，严重制约了企业的创新发展。

其次，科技创新平台层次不高，辐射有限，承载力和服务功能有待提升。东北地区现有的科技创新平台大部分都规模偏小，孵化器与产业状况对接不相适应，孵化功能不尽完善，未能打造出创业孵化品牌。支撑人才、科技产业融合发展的大平台建设还是一个短板，产业引领不够强，高层次国家级高校科研机构因区位优势不明显等因素导致引进难度较大。现有政府公共平台、运行机制不够灵活，资源整合度不高，在为企业开展供需对接、创业创新服务、解决共性难题、为传统产业转型升级等方面的作用还不够突出，辐射功能有限。

最后，平台的体制机制建构不完善。"区域协同创新平台运行的效率与制度环境密切相关。完善的法律法规是区域协同创新平台体系有效运转的关键。"[1] 科技信息的共享流程过于繁杂，共享行为不够规范，导致共

---

① 王庆金,马伟,马浩.区域协同创新平台体系研究[M].北京：中国社会科学出版社，2014：57.

享程度较低。这主要表现在：一是共享协商机制不完善。各类共享主体缺乏相应的沟通协商机制，常常各自为政，独占科技创新资源，使得共享信息对接不顺畅，创新主体的共享需求往往得不到满足。二是共享激励机制不够完善。对于平台来说，建设者可能会基于成本顾虑，担心负担过多的共享成本，这里包括时间、资金、风险等的支出，担心付出和收获不成正比。而且参与共享的主体因为缺乏相应的激励机制的鼓励，导致共享动力不足。对于共享的需求方来说，因为担心共享信息的安全以及负担的共享成本过于沉重，所以参与共享的意愿比较低。三是共享收费机制不够完善。收费标准尚未确立，一些地方采取先使用后补贴的方式试图提高这些科技创新平台的使用率，但却导致科技创新平台的维护费用不稳定，从而影响了平台的正常使用以及科研成果的具体产出。

（四）地区间创新资源要素整合面临难题

首先，地区间创新资源要素差异较大。东北地区是由多个异质的行政区域组成的，行政区划是经过长期历史发展演化而逐步定型的。东北地区地域辽阔，地区内存在着较大的经济基础发展差距，彼此之间创新发展环境也存在着较大差异，这就在一定意义上决定了区域内的创新能力也存在着较大的差异。沈阳市等较为发达的城市和其他城市之间的经济发展实力差距较大，县与县之间的经济实力也差距比较大。与此同时，东北地区创新资源从空间和数量上来看，分布差距也比较大，资源分布严重不均，单就高校分布数量以及科研创新人员的分布数量来看就存在着极大的差异。

其次，地区间创新资源要素共享存在障碍。以互联网为主要工具的信息资源共享极大地促进了信息资源的分享传播，但也同时带来了知识产权方面的担忧，在共享过程中可能出现创新信息资源泄漏的现象。另外，创新资源要素要想实现有效整合，就需要在区域发展整体层面上建立良好的制度环境。东北地区在创新资源共享方面取得了一定的基础，但是依然在共享方面存在着很多漏洞，尤其是政府出资购买的一些科研设备和在政府资金支持下取得的科研数据成果方面没有实现全面共享。政府出资取得的科研数据本应该属于共享资源，但是有些科研机构却据为己有而拒绝向外公开，这就使得其他一些科研机关在开展与这些数据相关方面的研究时得不到应有的数据支持，从而造成了科技创新信息共享上的漏洞、盲区，这是和我们创新资源要素共享制度的漏洞分不开的。只有健全共享制度建设，才能真正做到有所遵循。

最后，创新知识扩散和知识应用与知识生产严重脱节。东北三省对创新知识的吸收、应用能力不足，专利申请较少，论文研究较多，技术发展要远远落后于科学理论的发展，这其中的主要原因还是在于东北地区知识传播力度不够，应用效果比较低，这会严重影响到科研人员对创新性知识的吸收、学习以及现实性转化，这已经成为制约东北创新一体化发展的瓶颈。如果知识传播、知识应用与知识生产之间相脱离的问题得不到解决，就会严重影响到东北地区的创新能力和创新水平的提升，造成创新资源浪费。当前一段时间内，一些东北地区的企业普遍存在自主创新研发能力比较弱，缺乏相应科学理论知识积累，与高等院校、科研院所等科技研发部门的联系比较少等问题，这些都迫切要求我们提高知识扩散的效力，促进科技创新知识向现实应用转化。

（五）统一的创新协调机制建设的重要性日渐凸显

首先，在创新动力机制和创新保障机制方面，就创新动力机制来说，创新发展的动力更多源自于政府，还没有完全脱离政府带头、企业参与的框架体系；没有充分利用市场对于创新资源的优化配置作用来不断推动东北地区的创新协调发展；总的来说，东北三省还不是完全处在公平公正、互利共赢的关系基础上的良性互动，造成有些区域还不是完全自觉自愿地进行创新一体化，缺乏一定的创新积极性和主动性。就创新保障机制来说，东北地区暂时还没有形成系统完整的法律法规体系来确保创新一体化得以规范有序地进行下去，还未能有效遏制东北地区在一定程度上仍然存在的地方保护主义；创新一体化相关的政策体系尚不完善，改革力度不够，对技术创新能力不足的区域采取的政策支持还不够，不足以满足地区创新一体化发展的需要；创新一体化缺乏相应的绩效考核标准，现存的标准仅仅立足于局部发展，在一定程度上助长了行政壁垒。

其次，在创新长效机制方面，尽管东北经济一体化已提出多年，建立了东北三省地区行政首长联席会议制度，但受制于自身的体制性、机制性和结构性矛盾，尚未取得实质性进展。2019年，东北三省一市政协联席会议第一次召开，但却没有长效机制来保证政策的持续有效推进实施；东北三省缺乏与创新持续发展相对应的合理产业布局，只有形成区域内创新协调发展的合理布局，才能为促进创新一体化发展机制长期可持续发展提供有利的条件；各项创新资源的"逆向"配置缺乏必要的扶持和激励机制，缺乏统一有效的市场吸引机制和实际的利益支持。各个经济区域特别是一些欠发达地区的比较性优势尚未得到充分发挥，经济的创新发展特色还未得到充分展现，建立在这些比较性优势基础之上的长期合作、协作关系尚未稳定。

最后，在创新规划机制方面，虽然东北地区对于不同省份和区域之间进行了合理的关于创新的功能化分工，使得区域创新协调机制有了具体指向和发展方向，但是对于一些省份来说，创新功能的衔接配套依然是一个难题，需要一定的衔接配套机制；一些发展速度较快的地区在创新协调过程中只顾及自身利益，在一定程度上加剧了地方保护主义的出现，阻碍了地区之间的创新协调发展；在具体建设过程中，缺乏协同创新规划，无法实现彼此之间的创新性功能互补，产生重复建设，造成了资源的浪费。

（六）科技创新成果转化利用现状不容乐观

首先，科技创新成果的整体转化水平较低，转化方式比较简单划一。改革开放以来，东北地区的科技创新能力取得长足进步，但是研发创新成果质量不高、科技创新成果转化率低、科研机构和大型企业科技协同创新机制尚未定型等问题依然存在。创新成果转化主要依靠企业、政府、科研院所、高等院校之间的集体合作，但是科技一体化过程中存在着科技与经济"两张皮"现象，产学研合作不畅，高等院校、科研院所成立的技术转移机构的管理属性明显大于服务属性，而企业的创新能力不强，这在一定程度上制约了地区的科技创新能力。

其次，企业技术转移的意愿和能力比较低。企业技术转移意愿在一定程度上影响了科技创新成果的转化和吸收。技术转移活动不仅受科研机构和科研人员的转移意愿的影响[1]，而且受到技术团队知识积累水平、编码能力、表达能力的影响[2]。同样，也受到企业接受技术转移的意愿和吸收能力的影响[3]。学习创新知识以及将知识投入到现实生产需要耗费大量的时间、资本等资源，所以在缺少相应条件激励的前提下，企业接受技术转移的意愿比较小。如果企业不具备容纳接受外部技术的条件，缺乏一定的技术基础、技术研究基础以及知识经验，即使企业愿意接受外部技术，也无法消化这些新的外部技术，做到为我所用。此外，东北地区的研发产出意愿不够强烈，导致知识能力等储备不足，无法顺利实现科技创新成果的转化和吸收，从而导致一些科研机构往往将南方的一些地区作为自己技术创新成果的转化地。

最后，科研立项选题偏离现实需求，造成科技成果之间的供求关系不平衡。在科学研究中，选题是关键因素，直接影响到最终的科研成果。在现阶段的发展过程中，东北地区有些科研人员的关注重点发生偏移，过度关注科学理论研究，忽视其经济适用度，忽视了对主体发展的关注，技术创新发展

---

① Szulanski G. Exploring internal stickiness: Impediments to the transfer of best practice within the firm.Strategic Management Journal, 1996, 17: 27-43.

② Hamel G. Competition for competence and interpartner learning within international strategic alliances. Strategic Management Journal, 1991, 12(S1): 83-103.

③ Cohen W M, Levinthal D A. Absorptive capacity: A new perspective on learning and innovation. Administrative Science Quarterly, 1998, 35: 128 -152.

的成熟度达不到市场水平，难以满足企业的现实需要。还有相当一部分科研工作者对于研究方向和目标仍然比较迷茫，对实际缺乏准确认知，没有洞察市场对科研的真正需求指向，科研立项选题的实用性意义比较低，严重影响到了科技创新成果的转化，也无法有效应对企业现实生产中的技术需要，对科技创新成果的市场化产生了极大影响。

（七）引才、育才、留才、用才力度不够大

首先，引才力度不够。改革开放以来，东北地区已经出台了创新人才驿站、人才购房补贴、给予项目资助等政策，人才引进工作取得了长足的发展。但是与长三角、珠三角、京津冀地区相比，东北仍然是人才缺乏地区，缺乏"长江学者"、"千人计划"、"杰青"、"万人计划"等国家级人才，技术研发型产业人才也明显短缺。能否拥有足够的人才资源尤其是年轻的人才资源，成为决定未来城市兴衰的关键。全国各大城市纷纷出台政策瞄准高端人才引进，引才力度前所未有。以郑州为例，郑州向全球发出的"史上最强"招贤令提出，对两院院士等顶尖人才和"千人计划""万人计划"等国家级领军人才，分别给予500万元、200万元奖励，提供不超过300平方米、200平方米的免租住房。而东北的经费补贴相对于其他地区较低，难以吸引人才、留住人才。

其次，育才力度不够。对创新人才完成引进并不意味着结束，实现育才也是一个关键的环节。创新链与产业链相分离成为阻碍东北三省人才培育的主要因素，企业、高校以及科研院所在科技创新中扮演着不同的角色。其中，高校主要负责人才培育，科研院所则主要负责科学理论研究和技术创新研发，企业主要负责创新研发成果的产出，三者之间联系度不够紧密，彼此之间相对独立，这就导致人才培育与科研创新、成果产出之间发生了分离。当前，我国经济发展进入由高速增长转向高质量发展的阶段。高质量发展意味着以最少的生产要素投入，实现资源最优配置、经济效益的最大化，把对人才的要求推向新高度。但是，高校依旧沿袭"象牙塔式"的培养模式，学科专业结构单一、传统专业人数比重过大，适应高新科技的专业薄弱，操作性、实践性课程短缺，专业课程远离实践、远离市场，这造成人才培育与市场需求严重脱节。

最后，留才、用才力度不够。近年来，东北三省经济一体化发展程度不断提高，但是人才的流出趋势却越来越明显。东北地区的常住人口始终呈现出负增长的态势，而且流出人口呈现出高学历、高技术、年轻化的趋势，这种趋势始终没有看到扭转的迹象。东北地区"人才问题的关键在于人才存量丰富，但使用成效不高，人才学历教育基础雄厚，但使人才'群贤毕至''人尽其才'，充分发挥其创新、创业才能的社会平台建设滞后，人才的发展空间较小"[1]。高科技创新人才对工作现状普遍满意度较低，缺乏职业认同感和对关键性决策的参与感，政府以及企事业单位对人才的提拔上升空间未能充分显示出来，使得这些创新技术人才对职业的未来发展前景比较迷茫，这些因素都为东北人才持续流失提供了注脚。创新型科技人才的不断流失造成了东北创新软环境的恶化，又会导致人才进一步流失，这种恶性循环会导致东北人口流失加剧。东北地区为了留住人才，制定了一系列激励政策，这些政策针对的人群范围有所偏差，主要是放在头部人才上，而忽视了中部人才和基层创新人才。

（八）地区间行政壁垒阻碍协同创新

首先，地区封锁导致产业重构问题严重。东北作为老工业基地，工业基础较为齐全，利用自然资源形成了具有比较优势的产业体系，在石油化工、造船、钢铁精深加工等行业都具有一定的优势。由于行政分割现象比较严重，导致重复建设和区域间产业同构化问题严重。规划缺乏整体统筹，各省市仅从各自局部利益出发，追求自身狭隘的可持续发展，这就使得区域内的各项要素无法充分自由流动，无法发挥市场应有的作用，尤其是市

---

① 刘凤朝. 东北老工业基地创新驱动发展研究 [M]. 北京：科学出版社，2016：208.

场对自由竞争以及资源合理配置的促进作用，丧失了原有的发展活力和发展潜力。东北地区各省市应该以本地的自然条件、资源禀赋、生产力水平等为基础，打造匹配新发展格局的现代产业网链，实现利益最大化。

其次，贸易、制度壁垒限制创新性人才企业跨区域发展。行政壁垒在一定程度上加剧了恶性竞争，制约了区域间的合作，导致协同效应被极大程度地削减。行政壁垒造成市场板块被切分，严重影响到创新人才、资源等要素在区域的流动。东北三省为了争夺创新资本、创新人才以及高新技术企业等，往往会在税收、土地、待遇等方面提出相应的优惠条件，这在一定程度上减轻了企业的发展成本，但是却加重了政府的财政负担，甚至政府承担的财政成本远远高于企业节省下来的商务成本。这些优惠政策在一定程度上不利于整个经济区要素资源的合理配置，使得创新资本、创新人才不能按照市场规则进行自由流动。有的地方政府为了使一些科技企业留在本地，为本地带来就业机会和财政税收，往往会想尽一切办法把其留在本辖区之内，从而阻碍了创新型企业的跨区域发展，创新人才的流动也是如此。

最后，各自为政导致区域内软硬件设施衔接乏力。部分城市缺乏全局规划和长远眼光，只顾自身实际情况，在一些重大基础设施的规划和建设中各自为政、只顾自身发展，导致这些重大设施项目的巨额投资得不到预期的回报，难以发挥其应有的效用和作用。

三、东北创新一体化的基本方略

创新一体化是实现信息现代化的基础和条件。在全球产业链重构的大趋势下，加速区域创新一体化进程是推动高质量发展、建设社会主义现代化国家的新目标，是充分发挥科技创新要素聚合效应、实现科技自立自强的新期待。尽管东北地区创新一体化存在着国际竞争力有待提升、科技创新和产业融合不够深入等诸多问题，但创新一体化势不可当。在新形势下，分析东北创新一体化建设问题，对于优化科技创新政策制定、改善科技创新政策落实效果、不断提升地区科技创新综合能力，具有重要意义。

（一）促进集成式制度创新，共治区域创新生态

首先，建立高效完善的创新协同机制。党的十九届五中全会公报指出："要强化国家战略科技力量，提升企业技术创新能力，激发人才创新活力，完善科技创新体制机制。"[①] 东北地区跨区域、跨部门联合的创新政策以及体制机制较少，这在一定程度上阻碍了东北创新一体化的进程。东北地区围绕区域协同创新发展的要求，以行政首长协调机制为依托，以《东北三省联合建立区域科学技术创新体系协议书》为政策支持，建立高效完善的创新协同机制，为区域创新协同提供制度保障。一方面，加强政策主体间的横向合作。构建以目标协同为导向的跨区域创新链，消除行政与市场壁垒，保证创新链内部各创新主体公平参与市场竞争、平等享有要素所有权。另一方面，打造以功能协调为导向的科技成果转移转化的协同机制。定期开展创新成果展和科技成果转化对接会，打通创新向现实生产力转化通道，加强转化激励、提升转化服务、缩短转化链条、提高转化效率，推动科技成果的跨区域转移与转化。

其次，改革优化科技创新管理体制。一是完善科技创新考核评价体系。科技创新考核评价体系是科技管理部门规范运行和有效服务的重要体现。因此，必须把科技创新考核评价作为科技主管部门重点工作之一，推动科技创新考核评估工作向常态化发展。遵循客观性、系统性、实效性的原则，建立起一整套适用于不同种类机构和平台的科技创新政策评估体系，对省市、县区以及科研园区的科研机构和平台的创新成效进行考核，逐步规范科技资金的审批、使用流程，提升区域经济发展。二是完善产学研协同创新机制。由企业率先提出重大创新项目规划并筹措相关资金，再将项目的

---

① 习近平．中国共产党第十九届中央委员会第五次全体会议公报 [M]．北京：人民出版社，2020：19．

各项科研任务下发给各个科研机构院所，通过合理的共享方式来共享知识产权，共同担负科研风险、分配科研收益，以高等院校为依托打造新型孵化器和产业园区，结合产业发展需求实现科研成果的就地转化、孵化。三是建立科技创新资源协调机制。将科技行政管理部门划分到经济部门中来，使得科研院所直接由相应的科技行政部门来管理和指导，从而做到系统统筹规划科研院所的创新资源和人才资源，全面统筹东北地区的科技创新资源，以实现科技研发、推广、应用的统一协调、一体推进。

最后，建立健全科技创新系统的相关机制。加大研发投入，健全政府投入为主、社会多渠道投入机制，加大对基础前沿研究支持；完善金融支持创新体系，促进新技术产业化规模化应用；促进科技开放合作，研究设立面向全球的科学研究基金。建立健全创新环境协作治理的机制，不断加强东北地区科技创新资源的跨区域交流与合作，搭建科技创新服务平台，完善平台信息和功能，实现科技创新和科技专家的智力资源共享，充分发挥科技创新对经济社会发展的支撑作用。

（二）加强重大科技基础设施建设，提供优质科技服务

首先，探索重大科技基础设施建设的新模式。要建立市场化主体建设重大科技基础设施的新模式。近年来，重大科技基础设施主要是由政府牵头、在相关科研机构部门的指引下完成。一些高等院校在基础设施建设中的参与度不断提升，建设由原来的单一化主体参与模式转变为多元主体参与，由多个科技创新单位联合或者说是同政府合作共建。东北地区既要依托高校和科研院所来寻求技术、政策等智力支持，又要不断探索跨区域共建重大科技基础设施的新模式，实现科技、资源等的优势互补、互利共赢。在推进东北一体化进程中，要加大东北基础设施建设的力度，实现中、朝、韩、俄、蒙陆路交通运输网络的互联互通。依托东北独特的地理区位条件，推进与日本、韩国、俄罗斯临海港口群之间的集装箱远洋干线业务、海内支线业务、国际邮轮业务的共同开发运营，共同参与中俄蒙经济走廊建设，促进东北亚各国之间跨境大桥、跨境铁路和跨境公路建设，实现东北亚陆海联运。例如，围绕中俄蒙经济走廊构筑东向出海、南联内陆的大通道，加快建设面向东北亚其他国家和地区互联互通的基础设施网络等。

其次，用重大科技基础设施建设实现一些关键性技术的突破。"技术基础设施对于区域创新产出的推动作用不可低估，因此，政府要加强信息、知识交流的基础设施建设，优化、更新各种通信网络，注重对物联网、云技术等新兴领域的投资和试点。"[①]重大科技基础设施是突破科学前沿、解决重大科技问题的物质技术基础，是决定区域创新高峰的关键性"指标"。当前，科学研究与技术研发相互依托、协同突破的趋势日益明显，越来越多的研究活动需要大型研究设施的支撑，要求不断提高科技基础设施的单体规模和技术性能，强化相互协作，形成大型综合性设施群。东北要成为国际创新中心，就必须加强重大科技基础设施建设，把一些创新性技术和创新性方案应用到科技基础设施的具体运作上来，将一些重大科研项目的开展和重大创新问题的研究同重大科技基础设施的建设相联系，将重大科技基础设施建设同一些科技园区、科研创新基地、城市总体规划布局等方面的建设活动相联系，为突破世界前沿重大科学问题、取得重大原创突破提供有力支撑。

最后，建立健全重大科技基础设施管理机制。重大科技基础设施具有工程和科研的双重属性，投资大、规模大的特性决定了其管理的复杂性，一个设施从提出、预研、建设、运行到退役往往历经几十年的时间，管理的好坏已成为影响设施建设和运行成效以及长期发展的一个关键因素。[②]建立健全重大科技基础设施管理机制，将绩效管理贯彻到设施建设和运行的整个生命周期，从使用效率、设施维护、建设管理、设备运行等维度对

---

① 王鹏.区域创新产出的宏观因素与微观机制研究 [M].广州：暨南大学出版社，2015：229.

② 陈娟，曾钢，姜言彬.建立重大科技基础设施绩效管理机制的思路与建议[J].科学管理研究，2019，37（04）：38-40.

重大科技基础设施进行评价，提高重大科技基础设施的使用效益。同时，要提高重大科技基础面向社会的开放程度，鼓励国内外科研机构、科学家对这些重大科技基础设施的合作使用，提高重大科技基础设施的成果产出效率以及运行使用效率，不断扩大这些科技基础设施的服务范围，避免因科技基础设施重复建设而造成的浪费。

（三）推进全局性重大平台和技术开发项目建设，实现创新信息畅通共享

首先，建立大型的区域科技创新共享平台。要对现存的创新平台进行有机整合。例如，重大科学设备共享平台、科研成果数据共享平台、创新成果转化交易平台等。不断探索资源要素协同创新的新的服务平台。例如，创新人才交流合作平台、创业创新协作平台、高新技术企业投融资平台、知识产权交易平台等。根据东北发展的战略重点，设立专门的重点创新技术研发平台，构建国家科研论文和科技信息高端交流平台。此外，在这些科技创新服务平台建设过程中，不断完善健全这些共享平台的服务功能、明确共享的标准细则等，设立和认定一些具有典型示范意义的科技创新协作基地，这样有利于推动科技创新联盟的形成。

其次，加大科技创新服务机构的建设力度。要对科技创新服务平台进行系统规划，探寻创新服务平台建设的突破口，建立健全东北三省网上创新交易市场，对各项资源要素实现有效整合，设立科技创新服务的驿站、科技创新信息服务机构；定期或不定期举办东北地区科技创新协作论坛、创新成果交流分享会以及创新成果交易会等丰富多样的科技创新服务活动，为政府、企业、科研院所、高等院校之间的交流协作搭建平台；不断拓宽服务的广度和深度，提升科技创新服务机构的服务水平和服务质量，完善政策咨询、信息共享、产权技术交易等服务职能，不断完善服务细则，并根据这些细则来及时、有效地开展各项服务；建立具备专门理论知识和实践经验丰富的科技服务队伍，提供有效的科技创新服务所需要开展的大量的信息收集、在线沟通、法律咨询、价值评估等工作。

最后，支持重大科学研究和技术开发项目的开展。东北地区应立足石油开采、石油化工、钢铁和有色金属冶炼、重型机械制造等优势学科和研究力量，瞄准世界科技前沿，聚焦国家重大需求，主动发起和联合承担重大科学理论研究和应用性技术研究的项目，将发展先进科学技术同现在的企业老旧技术改造革新相结合，促进产业链和创新链实现融合发展；应实现在关键共性技术领域的创新，加快共性技术研究与服务产业创新体系建设，通过财政、税收、金融等手段引导整合现有科研院所、企业形成焊接技术、铸造技术、电工绝缘技术、标准与合格品评定等共性技术的研究与创新体系，强化关键和共性技术研发，扭转产业共性技术创新主体缺位的现状，增加共性技术研究供给。并在此基础上探索产业共性技术研发模式，突破关键核心技术和产业共性技术成果转化及产业化。例如，沈阳自动化所、哈尔滨工程力学研究所、中国科学院长春应用化学研究所等科研机构共同设立了产业共性技术研发的部门，推动共性技术在同行业领域的共享。政府要深化完善共性技术供给领域的机制建设、创新产业共性技术科研条件共建共享机制、创新产业共性技术资金投入与使用机制等。

（四）推动创新资源要素融合发展，实现资源要素自由联动

首先，建立科技资源统筹配置机制。"创新要素在区际之间相互流转、互动，有助于加速资源的共享和优势互补，弥补创新能力的不足，提高创新的效率，同时也可以降低创新开发的成本和风险。"[①] 东北地区要想实现在创新一体化发展方面取得重大突破和进展，其中一个关键就是实现区域内创新资源要素自由流动，实现东北三省之间的资源共享、协同、畅通流动。建立科技创新资源的交易体系，使科技真正实现与市场之间的融合

---

① 顾欣，王元地，杨雪. 中国区域创新体系发展的理论与实践 [M]. 北京：经济管理出版社，2014：277.

发展，将科技创新能力转化为现实生产力；建立健全创新资源审核制度以及使用审批制度，确保资源共享条件下各种资源的真实性，进一步规范科技创新资源使用的具体流程；健全科技创新资源的评估和激励机制，将评估结果作为下一轮资源投入力度以及科技创新资源管理制度修订的依据，充分展示各项资源要素的有效利用情况和发展方向，使科研机构在评估结果中不断完善和提升自身。

其次，从资源要素互补式的合作实现向创新发展互助式的合作转变。中华人民共和国成立以来，东北地区依托丰富的资源和超大规模市场优势，并通过与其他地方进行资源交换来获取需要的资源，维持了较长时期的强劲增长。在经济新常态的影响下，这种发展模式已经难以维持下去。推动模式变革势在必行，创新发展互助式的发展模式有利于提升各个区域之间的创新能力。通过不同区域之间的合作有助于突破行政区域限制，优化资源配置，在最大程度上发挥创新辐射效应。要想实现创新资源要素的互助发展，就要高度关注人才、资本、技术基本创新要素的流动问题：一是要缩小地区之间的人才待遇政策，建立统一的跨区域人才政策；二是要共同构建企业资金供给基金、投资平台和上市服务平台；三是要强化协同科技创新和服务平台建设，只有真正实现创新要素在东北地区内的自由流动，才能实现创新协作式发展。

最后，搭建创新资源信息平台。以多层次的产业分工体系为线索，以国家大数据综合试验区建设为契机，加快建立东北地区技术交易中心和专利信息资源库，加快构建东北跨区域创新服务平台，按照不同主体需求来整合东北地区的人力、物力、财力，使得资源存量和资源意向得以充分展现。强化平台信息共享与资源市场化交易之间的联系，实现创新资源要素的畅通流动以及市场化的精准对接；将互联网、大数据等信息化优势条件与平台建设相结合，提高平台建设的智能化发展水平；通过产学研联盟建立来调动创新主体的积极性，减少无效产出，极大地提高创新资源的利用效率；

深化各创新增长极间的科技资源交流共享，实现科研机构和创新资源要素之间的有机联系，整合盘活有效资源，减少资源浪费现象。

（五）优化创新网络系统，打造高水平区域创新共同体

首先，缩短时空距离。缩短科技创新产业链的时空距离有利于较大程度地节省交易成本，从而充分发挥创新扩散以及知识溢出的合力作用。要推动建立集理论研究、技术开发、成果试用、推广应用于一体的科技创新体系，通过创新要素集聚效应来打破单点突破式创新产生的、在科技创新体系中出现的"闭路循环"，也叫作"孤岛现象"，形成创新研究与创新应用之间的高度联系；打破技术分工的"理论研究——技术研发——成果转化"的固有思维模式，由逐步跟进到并进发展转变，形成各个学科专业交叉、创新主体交流协作的开放创新的模式，从而缩短科技创新链的时间和空间距离，在最大程度上降低科技创新的各个环节的成本，不断提高东北地区的创新竞争力。

其次，推动各类创新主体在创新网络中的互动。"科技协同创新网络的形成需要战略决策系统、政策保障系统和主体支持系统三位一体的协同、协调发展。"[①] 要明确各类创新主体在创新网络中的合理定位，适当弱化创新主体边界，推动创新主体间互动。一是鼓励国企与民营企业协同联动，国有企业应剥离非核心业务，并将其转交给民营企业管理，通过技术转让与联合技术攻关，实现价值创新，推动国有企业由生产主体向服务主体的角色转变；民营企业应积极承接国有企业的业务转移尤其是资金与专业技术支持、人才基础、市场信息等，开拓创新孵化空间，形成以前沿技术为导向的横向协作创新链。二是激励企业、高校与科研院所的互通共建与角色共融，打造"产学研"深度融合的新模式。一方面，着力创新平台的打造，以自动化所、东

---

① 齐昕. 辽宁参与京津冀协调发展——新一轮老工业基地振兴的战略选择 [M]. 北京：经济科学出版社，2017：220.

北大学、新松机器人为依托打造机器人平台创新联盟，壮大新兴产业；联合中航工业哈尔滨东安发动机、长春一汽、吉林大学建立汽车研究院等。另一方面，着眼东北地区企业、高校与科研院所在创新链、产业链与价值链上的资源互补与创新成果转化效率，提升企业的技术研发，推动企业、高校与科研院所形成将创新链、产业链与价值链统一于一体的创新产业发展集群，通过集群内部的技术许可推动技术、知识、资金、人才的高效流动。

最后，建立区域创新发展耦合机制。将重大产业项目开展作为区域间联系的桥梁和纽带，通过区域科技创新协同体制机制的引领，使得团结融合的区域发展理念贯穿于区域发展过程中，以切实的具体举措来破除区域发展的狭隘思维。东北地区资源差异比较大、创新能力之间的差异也较大，这意味着区域创新发展耦合机制建立需要长期的磨合适应期，需要在生物技术、信息技术、医药工程等一些高新技术领域加强合作，推动某一具体行业、领域、方面不断朝着耦合系统的方向发展，以此来推动东北地区的创新发展耦合机制的形成，从而促进东北地区经济一体化和创新一体化。

（六）共建原始创新策源地，推动创新链与产业链深度融合

首先，聚焦"原始创新策源地"，实现共建、共治、共享。东北地区着眼于打造原始创新策源地和创新城市，加强基础研究，优化学科布局和研发布局，推动学科交叉融合，完善技术供给体系，瞄准人工智能、量子信息、集成电路、生命健康、脑科学、生物育种、空天科技、深地深海等前沿领域，实施一批具有前瞻性、战略性的国家重大科技项目。同时，打造良好的政策环境。聚焦打造原始创新策源地这一要点来推动体制机制革新，推动创新资源分配机制的改革发展，将后发优势转化为创新优势，用原始创新策源地的资源要素支持其他区域和城市搞好创新发展，引导其他区域内的创新资源要素实现产业链和创新链在地域范围内的扩展延伸，确保既实现创新策源地的共建，又实现创新资源要素的共享。

其次，推动产业链与创新链深度融合。要打好关键核心技术攻坚战，提高创新链整体效能，尝试通过政企互动的产业链来突破行政壁垒，提高创新资源要素在区域内的配置效率以及创新发展效率。要将创新驱动作为引领经济高质量发展的重要基础，优化东北地区产业结构，高度重视创新策源地在区域一体化和经济一体化发展中的引领作用，将其作为发展的重要突破口，结合东北地区不同省份之间的独特发展优势和自身比较优势，推动自主创新企业实现率先发展，从而形成自主创新链环集群，实现东北地区跨越式发展。

最后，重视创新资本作用，形成强大的民营资本创新链。要意识到创新资本对于创新链与产业链相互融合中所起的重要作用以及对于打造原始创新策源地的重要价值。要强化企业的创新主体地位，促进各类创新要素向企业集聚。推进产学研深度融合，支持企业牵头组建创新联合体，承担国家重大科技项目。发挥企业家在技术创新中的重要作用，鼓励企业加大研发投入，对企业投入基础研究实行税收优惠。发挥大企业引领支撑作用，助创新型中小微企业成长为创新重要发源地，加强共性技术平台建设，推动产业链上中下游、大中小企业融通创新。要支持激励东北地区一体化发展中的龙头企业积极发挥先进示范引领作用，通过建立各项创新风险基金来鼓励更多的后发性企业加入到创新性发展的行列中。东北地区经济一体化发展是一把双刃剑，既会带来机会与红利，也可能带来风险和挑战。因此，要高度顺应经济发展和市场演化的客观规律，支持、鼓励、引导企业之间的兼并、重组等，助推更加具有创新研发优势的企业实现资本集中，形成在政府监管之下的、有强有力的资本力量做支撑的民营创新资本链，从而不断推动创新发展。

（七）建立"引育留用"全链条人才机制，打造人才高地和创新高地

首先，改善人才引进和人才培育的条件，聚集优质人才队伍。由于东北地区自身创新建设条件有限，科技创新体系建设不完善，这就需要加大科技创新的投入力度、创造良好的科研创新条件、建设好科技创新服务平台，把吸引和培育人才的制度政策作为一项长效机制来抓落实，使得科技创新研究条件能够在最短时间内实现最大程度的发展转变；要促进人才培养的省际合作、校际合作，以哈尔滨工业大学、吉林大学、大连理工大学以及东北大学等高等院校为依托，充分发挥区域内高等院校、科研院所的集中优势，加大对创新性高端专业人才以及复合型急需人才的培育力度，加大对本土人才的培育力度；各省强化自身的人才培养，例如辽宁充分依托《辽宁省人才服务全面振兴三年行动计划》的政策优势，深入推进"兴辽英才计划"等，来优化人才发展环境，强化人才集聚，培育人才竞争优势，加速形成人才引领创新、创新驱动发展、发展集聚人才的良性循环；不断加大对人才进行联合培养和引智力度，拓展各创新增长极的空间辐射范围，提升各省创新增长极的关联度；应鼓励支持一些行业协会以及专门的服务机构面向高校、科研院所的特定人群开展培训活动以及专业实训等，实现东北地区人才培养的一体化发展。

其次，创造良好的环境氛围，提升创新人才发展的满意度。一方面，营造良好的人才发展的硬环境。要通过"健全人才安全、人才管理、人才使用方面的法律法规，提高人才的法律服务水平，保证人才平等、公开、择优的选聘评比"①，实行更加开放的人才政策，营造公平公正、廉洁高效的人才发展环境，构筑集聚国内外优秀人才的科研创新高地；要建立精准化的创新人才激励机制，根据人才的从业类别等特质来建立有针对性的、多样化的激励政策，激发人才的科研创新热情，增强其团队归属感和责任感；构建充分体现知识、技术等创新要素价值的收益分配机制，完善科研人员职务发明成果权益分享机制，不断满足人才对医疗、住房、教育等公共服务的多样化需求，优化人才的福利待遇，完善落实"人才绿卡""人才安居工程""技术经纪人"等科技人才服务举措，提升科技创新人才的

---

① 于斌斌. 长三角高端人才集聚：理论、问题与机制 [J]. 未来与发展，2011（12）：102-106.

满意度和幸福感。另一方面，营造良好的人才发展的软环境。弘扬科学精神和工匠精神，加强科普工作，营造宽容失败、鼓励创新的良好社会氛围，形成尊重人才、爱护人才的社会心理；不断激发东北地区本土创新型人才的乡情，不断增强他们建设家乡的意愿以及实现东北振兴的使命感和责任感。

最后，创新人才利用的模式，各尽其才。要贯彻尊重劳动、尊重知识、尊重人才、尊重创造方针，深化人才发展体制机制改革，不断探索流动岗位工作制、人才兼职等新型人才利用模式，促进创新型人才在区域内的自由流动和灵活支配；共同牵头建立人才资源信息共享平台，设立高精尖人才数据库汇聚创新型人才信息，依托数据库建设来不断探索创新型人才市场建设与完善，促进人才与企业单位的对接；推动创新型人才"柔性"流动方式的实现，打破学历、户籍、地域的限制，建立统一的创新型人才认可凭证，保证人才资源在东北地区范围内得到普遍认可，为国内外的先进科技工作者和高端创新型人员开启"绿色通道"。

（八）加大跨省市合作的创新协同力度，打破地区间行政藩篱

首先，破除现有的行政区划束缚。东北地区要设立统一的技术标准、职业资格证书认可标准、创新创业的法律法规等，建立统一的市场规则，减少资源要素跨省市流动的高条件限制，实现资源、人才、企业、资本等自由流动；要克服东北三省发展的政策制度差异，建立一系列特色化的创新制度和政策，克服这些制度政策之间存在的差异是建立统一化市场的重要内容；要制定实施统一的科技创新发展规划方案，建立统一的创新协调机制和创新产业布局调整机制，始终尊重市场基本规律，实施市场发展规律要求的行政协调，引导各个省市的创新产业实现错位发展；要形成统一的创新文化内涵，凝练地区创新精神，这是推动东北地区长期创新协作、打破区域行政壁垒的不竭精神动力。

其次，促进区域创新协同共同体的建设。建立统一的东北地区一体化发展的跨行政区创新管理机构,如创新领导小组和科技创新中心,"组建'跨区域创新联动'专家委员会,建立省市联席会议制度,协调小组全面负责创新合作规划、创新政策统一、创新示范工程实施等"①,进一步推动科技创新,加强彼此之间的协调沟通,在政策上予以正确引导,在制度上给予充分保障,打破地区发展内的限制,以此来化解东北地区产业之间由重构化造成的恶性竞争、分散发展等问题。在一定程度上的重构化可以推动产业集聚,形成相关的产业链,但是与此同时,也阻碍了产业知名品牌的形成,这就需要统一领导小组充分发挥创新一体化过程中的引导、保障和服务的职能。此外,要充分发挥地区的特色资源优势,争取一些国家级平台落地东北地区或是在东北地区建立相应的分支机构,鼓励高校、科研院所、实验室等创新主体建立创新联盟,共同建设各大共享平台。

最后,建立健全跨省协同创新的保障机制。建立跨东北三省的科技创新相关政务的"跨省通办"合作机制,充分借助互联网来实现一些电子证件的相互认证,简化科技创新政务流程,将职业资格证书、学历证书等重要凭证的审核和认证实现跨省通办,设立相关的线上服务功能,对跨省通办的事务进行一个系统的梳理,从而为民众减轻负担;建立跨省协同创新的公共资金运行机制,不断探索公共资金运营的新模式,设立跨区域协同创新的公共资金并制定相应的使用细则。与此同时,还要将跨省公共创新资金委托给负责监督公共资金运行、对公共资金实现专业化运营的投资机构,并以法律的形式确立下来;跨省市创新协同机制的形成离不开技术手段支持,技术手段能够进一步加速良好机制的形成,由于技术往往是由政府机关的工作人员来执行完成的,其必须同政府职责的合理配置相适应,否则就会导致这些技术不能发挥应有的作用。

---

① 王利军. 中国区域创新的阶段识别与提升策略 [M]. 北京:经济科学出版社,2018:180.

| 第八章 |

产业一体化是东北区域经济一体化的
根本抓手

党的十九大报告指出："我国经济已由高速增长阶段转向高质量发展阶段，正在转变发展方式、优化经济结构、转换增长动力的攻关期，建设现代化经济体系是跨越关口的迫切要求和我国发展战略的重点目标。"[①] 这是新时期对我国经济发展的新定位，而东北地区的经济发展形式与此相比还存在较大差距，对东北地区来说既是难得的机遇，也是一次挑战，有效推进东北区域产业一体化发展，加强产业结构优化升级成为东北地区发展的必由之路。

一、东北区域产业一体化发展现状透析

东北作为全国最大的工业基地，在计划经济时代对国家经济发展起到重要作用，随着改革开放的发展，市场经济占主导，东北产业发展的诸多

---

①习近平.决胜全面建成小康社会 夺取新时代中国特色社会主义伟大胜利[N].人民日报，2017-10-28（001）.

问题也呈现出来。习近平总书记多次对东北振兴发表重要讲话,在此背景下,对东北经济发展问题进行研究具有十分重要的理论意义和现实意义。而产业一体化作为东北经济发展的重要方面,对产业一体化的发展现状进行梳理不仅关系到东北经济的发展,也对国家战略目标的实现具有重要意义。

(一)东北区域产业结构:形成"三、二、一"的产业格局

产业是经济建设的核心和城市发展的基础,推动产业结构优化升级是推动我国经济高质量发展的重点支撑。随着外部经济条件的发展以及各种制约因素的变化,东北区域产业结构也是不断变化和调整的。回顾东北产业结构发展进程可以看出,东北产业结构逐步由"二、三、一"转变为"三、二、一"。从 2015 年的数据来看,东北区域生产总值达到 58101.2 亿元,占全国 GDP 的 8.59%,第一产业比重为 11.38%,第二产业比重为 43.92%,第三产业比重为 44.70%,第三产业比重超过第二产业比重,形成了"三、二、一"的产业结构。这一时期,东北地区各省份产业发展结构与侧重点有所不同,城市间的经济也存在较大差异。具体表现在,辽宁着重发展第二、三产业,服务业占比快速提升,在一定程度上表现出经济结构升级的趋势。吉林省第一、二、三产业的占比分别为 11.2%、51.4%、37.4%;黑龙江省第一、二、三产业的占比分别为 17.5%、31.8%、50.7%。由此可以看出,吉林第二产业较为发达,第三产业仍需加大发展力度,而黑龙江省存在各产业占比不均衡的状况,这也导致了黑龙江省外围地区与核心地区经济发展差距不断加大。

自改革开放以来,东北地区内部产业结构明显调整,第三产业迅速发展,改变了以往以第二产业为主的结构,轻重工业比例失调问题也得到缓解,比例关系有所进步,并且随着高新技术产业的发展,资源转化效率提高,东北产业结构层次有所提高。近年来,东北全面贯彻落实党中央关于东北振兴的各项决策部署,加快推进供给侧结构改革,不断优化产业结构。2018 年,辽宁省地区生产总值达到 25325.4 亿元,其中第一产业增加值 2033.3 亿元，第二产业增加值 10025.1 亿元，第三产业增加值 13257.0 亿元，一、二、三产业的比重调整为 8.03 ∶ 39.60 ∶ 52.37，产业结构明显转变为"三、二、一"的布局。吉林省实现地区生产总值 15074.62 亿元，从全局出发启动了"一主、六双"产业空间布局。黑龙江省产业结构的调整取得新进展，大庆石化炼油结构调整转型升级项目启动建设，积极培育新动能，高新技术企业总数达到 1120 家，非公有经济持续增长，民间固定资产投资预计增长 10%。

（二）产业一体化的现实基础：工业基础雄厚，劳动力市场较为健全，形成了较为完整的工业体系

首先，东北作为我国重要的资源开发及原料生产地区，重工业的发展规模和技术水平在国内居于前列，矿产资源种类多、储量大，现已探明的矿产资源近百种。作为中国最早建立的经济区，经过几十年的发展，东北地区区域产业结构不断完善，产业一体化取得重大发展，形成了全国著名的粮食生产基地、林业生产基地，初步形成专业化较高的制造业区域，是全国最大的钢铁基地、石油化工基地、机械装备工业基地和汽车工业基地。以丰富的自然资源为基础，东北区域产业一体化不断完善，并通过产业一体化推动了工业体系的建立，形成了更为集中的产业链条体系。

从工业发展方面来看，辽宁省是东北地区最强省，装备制造业发展迅速，形成了沈阳装备制造产业集群、辽宁石化产业集群、高新技术产业集群等。据辽宁统计局统计，辽宁省装备制造业年均增长率达到了 5%，截至 2017 年，装备制造业的资产总值达到 6.685 万亿元，在整个规模以上工业中占比达到 25% 以上。此外，在产业一体化的发展和推动下，辽宁省形成了相对健全的工业体系，工业发展势头较好，一批新兴产业逐渐发展起来。吉林省形成了以长春为核心的汽车产业集群，从产值来看，工业生产保持平稳增长，全年全省规模以上工业增加值较上年增长 5%，八大产业增加值同比增长 6.1%，其中汽车制造、医药、能源、纺织行业分别增长

14.5%、13.2%、20.7%、12.2%。此外,吉林省的服务业保持良好的发展势头,服务业增加值占地区生产总值的比重为49.8%,比2017年提高了4个百分点,拉动吉林省GDP增长2.3个百分点。黑龙江的服务业持续健康发展,旅游、休闲、康养等产业发展势头良好,建立了天鹅颐养经济走廊合作机制和养老产业发展金融支持联盟。此外,哈尔滨作为东北区域发展的主要城市之一,以食品产业为主,形成了绿色食品产业集群,建立了5个绿色食品科技示范区、5个国家级绿色食品基地,获得相关部门绿色产品认可数量位于全国第一位,逐步形成了以当地市场为主,逐渐辐射向外发展多个市场的格局。

其次,劳动力市场较为健全。国家及政府针对区域重点工业基地等在金融和财政上给予重点倾斜,享受优惠政策,同时在东北建立了大量对口人才培养基地,建设了大量与石油、钢铁、化工和煤炭有关的高等院校与科研院所,为东北老工业基地的振兴与建设培养了众多专业人才。此外,东北地区有着良好的专业技术水平基础,汇集了一大批专业技术水平过硬的工人队伍,为发展东北地区特色产业奠定坚实的人才基础。

最后,产业发展创新投入日益增加,创新型产业、高新技术产业以及战略性新兴产业发展迅速。2016年,《东北振兴"十三五"规划》提出,东北地区各省加深对东北振兴的认识,实施创新发展战略,切实将《规划》确定的重大工程、重大项目、重大政策、重要改革任务与本地区经济社会发展紧密衔接起来。截至2018年,辽宁省加大对产业科技创新的投入,成立了沈阳材料科学国家研究中心、国家机器人研究中心等,新增高新技术企业达到1000家,科技转化成果达到3700多项,科技创新对产业转型的推动作用日益增强。吉林省深入推进创新发展战略,加强与高校间的框架协议,组织开展院士创业试点等,吉林省高新技术企业数量大幅增长。黑龙江省也出台《新一轮科技型企业三年行动计划(2018—2020)》,推动新兴产业加快发展,积极培育科技型企业成为高新技术企业,积极展开区域间产业一体化合作。内蒙古自治区的高新技术产业增加值增长速度也超越同期全区规模以上工业增加值增速，并且在高新技术产业及优势产业的一体化合作的带动下，2018 年上半年全区规模以上工业企业利润总额同比增长 27.9%，增速快于同期全国平均水平 10.8 个百分点。由此可见，东北各区域产业结构调整升级为实现区域产业一体化奠定了坚实的产业基础和现实基础。

（三）产业一体化的现实收益：推进产业结构优化，形成规模经济，增强企业活力

首先，区域产业一体化推进产业协调，形成规模经济。以重工业为主、轻工业为辅的产业格局是东北的主要经济结构，在此基础上推进产业一体化发展，不仅加强了区域省份间的产业关联度，增强产业协调性，还可以提高产业集中度，形成规模经济。东北作为全国的重工业生产基地，其市场需求不仅限于区域内，更是辐射全国。根据区域经济学理论分析可知，当区域内有很大的重叠需求且明确存在区内和国内的有效市场需求时，就必然要扩大生产，进而形成规模经济。东北工业基础雄厚，且需求辐射全国及国外，因此有利于东北区域产业协调发展，形成规模经济，以降低生产成本，提高收益。

其次，区域产业一体化促进内部竞争机制形成，在一定程度上增强了区域内企业活力。区域产业一体化推进了生产要素在各地区间的自由流动，市场也由此向东北各个成员地区开放，各地企业面临的竞争空前激烈。根据大市场理论分析可以明确，一体化集团组建之后，将打破各成员国封闭的小市场状态，打破高成本、低效率、高垄断利润的恶性循环，获得市场扩大的规模经济效应和竞争加剧引致的技术进步和成本降低，促进一体化集团的大市场进入一个良性的循环状态。[1] 也就是说，东北地区推进区域产业一体化后，各类经济资源得以在区域内自由流动，使得原本封闭的竞

---

① 聂华林 . 区域经济学通论 [M]. 北京：中国社会科学出版社，2006.

争市场不再封闭，区域内各企业面临的竞争压力加大。在这样的市场条件下，企业必然选择加大创新力度，增强企业活力，以应对各种竞争的冲击，获得生存空间。

最后，区域产业一体化增强了区域间的经验交流与借鉴，对于优化区域产业结构、提高管理水平有着重要作用。由于东北地区特殊的历史原因，人们的思想观念深受计划经济体制的影响，改革开放以来，人们的思想观念虽发生巨大变化，但同沿海等发达地区相比，东北地区的经营思想和思路等都落后于发达地区。随着区域产业的一体化推进，各区域投资力度加大，跨区域经济联系密切，南部等沿海开放城市的先进管理经验也会相应地过渡到东北地区，从而在整体上提高东北地区企业的生产与管理，进而达到优化产业结构的效果。

二、东北区域产业一体化存在的问题

在计划经济时代，东北地区曾是中国重工业发展基地，工业化和城镇化都走在发展前列。随着改革开放的发展，东北地区以重工业为主的产业结构及以国有企业为主的发展模式导致经济体制转换滞后、政府区际协调不强、产业制度安排不健全、基础产业较为薄弱、区域内存在产业趋同现象等问题逐渐显现，这都制约着东北产业一体化发展。尤其是当前我国经济发展趋向于以外向型经济为主，制造、信息电子等行业的发展速度远高于重工业的发展速度，不仅导致东北在全国经济总量中占比降低，而且导致人才流失，进一步延缓了东北经济发展的脚步。

（一）政府调节机制不完善，阻碍一体化进程

着力优化产业结构是振兴东北的根本，政府在布局产业优化和结构调整中发挥着重要作用。能否有力推进区际协调、提高资源配置和生产要素利用率、制定有针对性的制度，是影响东北区域产业一体化的重要因素。

当前东北区域产业一体化进程中存在的问题，首先表现为存在经济制

度上瓶颈。经济制度是为保证社会经济顺利运行而制订的经济活动规则，良好的经济制度可以将社会经济行为纳入合理预期的轨道，加强产业与产业间的联系，推进社会经济的发展。东北地区由于长期受计划经济的影响，国有企业占比较大，企业社办现象严重，仍存在高积累、低效率现象，"导致东北地区一部分国家占主导地位的产业仍存在垄断现象，投资成本、行政审批环节增加，不利于形成理想的投资环境，区域外资金的流入也受到较大限制，不利于优势产业竞争力的提高"①。除此之外，现代产权制度尚不完善，对民营经济限制过多，准入壁垒高；过分重视工业而长期忽视农业发展，农村经济落后；现代服务体系没有建立，对外开放程度低，吸引外资力度不够，市场发育不健全；企业的控制权和剩余索取权没有分离，政府作为产权的代表无法健全对经济体的激励机制等都成为阻碍东北产业一体化发展的因素。

其次，存在意识形态上的瓶颈。我国经济最重要的特点之一就是各级政府按行政区来组织经济活动，社会经济活动渗透着强烈的地方政府行为，以经济利益为导向来选择发展方式、发展规模、发展速度，具有强烈的地方利益倾向。一体化框架下，东北各省坚持地方保护主义，凡事地方利益第一，争取地方利益最大化，并期望通过计划手段来优化产业布局。主要表现在：各子区域采取地方保护主义政策，当区域之间出现利益摩擦时，各级地方政府往往以行政区为依托，构筑各种壁垒，阻碍经济要素资源的自由流动，形成了急功近利的"诸侯经济""板块经济"，阻碍了区域整体市场的形成，损害了区域的整体利益；地区利益造成各子区域展开原材料、资金、技术、人才等各种生产要素的不正当竞争，使各种生产要素不能按经济规律和市场机制实现跨地区的自由流动和优化配置。

最后，产业协作机制欠缺。改革开放以来，东北地区各省根据自身情

---

① 王筱迪．我国东北地区产业结构研究 [D]．长春：吉林大学，2017．

况制定相应发展战略，导致区域间分工协作的关系不复存在。从 2003 年国家提出振兴东北老工业基地战略以来，东北地区重新着手建立内部区域发展协调机制，打破部门的行政分割现象，实现整合并对社会提供服务。虽然区域间经济联系有所加强，但并未建立起有效的省际协作框架，这就导致在东北老工业基地振兴的过程中各区域间开展项目存在趋同现象，并且在部分项目需要提供配套建设而本身又不具备配套能力的情况下，区域间也无法进行有效的协调，项目间的辐射带动能力显著下降。比如，黑龙江省的哈尔滨电站建设过程中所需的轴承配套项目，并未同东北地区各省企业建立合作关系，而是将该项目外包给南方的一个企业。由于区域间缺乏协作配合能力，最终使得项目对东北地区产业发展的辐射带动作用不明显。

（二）经济体制转换滞后，不能提供宽松的市场环境

造成东北产业一体化进展缓慢的原因是多方面的，但最主要的是问题仍然是机制体制。在东北，计划经济体制的影响是根深蒂固的，虽然从中央政府到地方政府都强调要简政放权，但实际上各地区政府并未真正做到简政放权，从上至下以部门为主的计划经济体制对东北产业一体化的发展造成较大约束。

首先，僵硬化、垄断性的国有企业阻碍东北产业一体化发展。长期的计划经济体制使得东北地区国有企业运作模式较为僵化，不适应市场经济的新机制运作要求，一些大中型国有企业存在资金包袱重、面临亏损困境等问题，致使外商在投资时存有顾虑，不愿支持国有企业改革。虽然建国初期所建立的大中型国有企业为国家及地区经济发展作出巨大贡献，但随着时间的推移，其经营管理、经济效益等均呈现下滑趋势。对此，企业虽然采取了一定措施，推进股份制、兼并、集团化等，进行了有益的改革，其中也不缺乏成功的范例，但总的看来，国有企业经营机制变革仍滞后于市场发展需要，经济体制转换滞后于市场环境和外部条件。由于国有企业自身问题较多，在地区产业融合发展中，国有企业参与度较低，在一定程度上阻碍了区域产业一体化发展。

其次，计划经济时期形成的思想观念对东北地区影响较大，导致企业创新行为迟钝，从业人员思想相对落后。一方面，在旧体制的影响下，企业内部普遍产生非经济性变异，也就是说企业内部在价值标准、组织结构等方面不是出于经济原因，而是表现为行政化。比如，国有大型企业内部结构庞大复杂，企业内部存在严格的行政等级，企业领导并非随着公司的壮大进而得到晋升，而是转入行政机构，有严格的等级差异等级结构。毫无疑问的是，当企业内部价值标准行政化时，企业自然会产生抑制创新的弊病。企业创新行为变得迟钝化后，其直接后果就是降低了科研人员和高级技术人员的存在价值，一定程度上抑制这一群体的创新积极性，最终造成整体人才素质的下降和人才流失。另一方面，与东部沿海相比，东北地区人力资本水平虽然较高，但从业人员在工作选择、竞争意识、创新意识等方面存有较大差距。在区域产业结构调整过程中出现了大量失业或下岗人员，虽然社会经济的发展也为这部分人提供大量服务性岗位，但是不少人不愿意从事服务性行业，进而导致出现失业、隐性失业和结构性失业等问题，既不利于企业发展，也不利于区域间产业结构升级和一体化发展。

最后，各种经济杠杆运作不够协调，阻碍了公平有效竞争环境的形成。与东南沿海城市相比，东北地区市场体系发育较为滞后，致使一些改革措施难以在实际中发挥作用，难以为经济发展提供宽松的服务与保障环境。除此之外，东北地区现行的经济管理体制在区域产业发展和部门条块分割上的痼疾，造成了生产重复、流通堵塞、壁垒森严的消极结果，对东北地区经济协调发展、产业一体化深入产生一定的阻碍作用。

（三）区域产业融合度不高，内部关联度较低

长期以来，东北地区的产业结构都是以第一、二产业为主，为改善过度依赖资源、集中发展重工业的现状，近年来东北地区大力发展第三产业，

163

推动产业结构逐步向第三产业转移，以此寻求推进经济发展的新动能。在东北地区发展众多的第三产业中，零售业是占比最大的部分，而金融业、科技行业以及新兴产业等占比相对较小。这就造成了东北地区第三产业发展具有一定的局限性，存在产业融合度不高、内部关联较小等问题，不利于推进产业向高度化方向发展。除此之外，东北地区重工业、轻工业之间的产业关联度也存在一定局限性。85%的东北地区轻工业产值来源于对自然资源以及农副产品资源的初级加工，轻工业生产并没有充分利用东北地区丰富的重化工业产品资源。[①]并且第二、三产业间不能实现有效融合，第三产业的发展既不能拉动第二产业壮大，也没有充分利用好传统产业这一巨大市场站稳自己的脚跟。

一方面，东北地区的产业结构主要是以重工业为主，集中发展煤炭、冶铁等能源消耗型产业，产业链条比较短，产业内部关联度较低，一体化发展不够深入。产业关联是指企业间拥有的上下游关系，一般来说产业关联度越大，产业间相互配合能力越强，区域经济凝聚力越强，企业生产成本越低，产品竞争力越强。相关学者研究指出，由于东北地区产业关联度不高，导致东北地区呈现出"品"字型结构[②]。冶钢、汽车等产业的上层行业与所需要的零部件供应行业生产不能相互衔接，且缺乏有效的精加工中间商，资源浪费和效率低下的问题比较严重。长期以来产业内部的关联性不强，导致企业长期采用粗放式生产，竞争力低下，加上从事产品精加工的企业较少，产业结构的附加价值较低。东北地区的产业内部断层严重。如汽车制造业作为吉林省的支柱产业之一，在2017年工业产值已达到2163亿元，按国际标准核算，汽车产业能够对其上游产业的带动力基

---

① 刘维成，夏淑芝.浅论东北地区产业结构调整与升级趋势及对策[J].中小企业管理与科技，2009（02）.

② 杜鹏，韩增林，王利等.东北地区县区经济增长空间格局演化[J].地理研究，2016，34（12）.

本上是 1：1，而对下游的产业带来的带动力则大致是 1：2。据此计算，吉林省汽车产业对上下游的带动力应超过千亿元，但吉林省并没有将这一潜能发挥出来。同时吉林省发展钢铁工业主要是针对建筑行业进行供给，并没有建设起针对汽车制造产业的用钢生产，导致省内产业内部关联度较低，无法有效地实现产业一体化合作。

另一方面，东北地区第二产业所占比重高于其他产业，区域的发展主要依赖于传统产业，产业间的关联性不高，第二产业对第一产业的带动性较小。农业的发展并没有随着第二产业的壮大而形成完善的农业产业链，工业也并没有对农业形成有效的带动作用，造成了农业发展滞后。虽然东北地区农业资源丰厚，拥有发展农业的良好的环境基础，粮食产量大，但农产品加工业、产品销售等产业链却不完善，第一、二产业不能相互融合起来，产业链结构不完善。比如，黑龙江省一直是我国产粮大省，黑龙江省不断加强了农业产业科技化，新技术与农业相结合使得农业生产率明显提高，但其相应的农产品产业链条却没建立完善，在农产品加工、销售等方面相对落后。这些问题制约着第一产业升级，限制了农业创收以及农产品竞争力提升，也不利于产业结构优化以及区域内产业一体化向纵深发展。

（四）产业结构失衡，瓶颈制约仍然存在

区域产业一体化的过程实际就是推动产业发展不断迈向结构合理化、高级化，逐步实现区域内整体产业结构由第一、二产业向第三产业迈进，充分发挥技术性产业的调动作用，最终达到区域内经济效益最大化的目的。从东北地区产业结构演变过程可以看出，东北地区第一产业、第二产业相对发达，第二产业的率先发展为我国工业化发展开辟了道路，为工业发展提供了先进设备和技术支持。因而在东北地区产业发展过程中，始终将第二产业作为区域内发展的重中之重。然而，东北地区在发展重工业的过程中，缺乏对第一产业的升级和第三产业的发展运用，导致三个产业间缺乏关联性、区域内产业一体化融合程度较差，不能形成内部拉动效应。其结果就是工业尤其是重工业走上一套自我发展的道路，在产业结构上同第二产业缺乏有效协同，不能有效带动和提高农业以及第三产业的生产能力，三次产业间呈现出很强的非均衡发展模式[①]。这在很大程度上导致东北地区产业发展的不均衡。东北地区在发展过程中着力发展重化工业，占用并消耗了大量资源，虽然重化工业相比来说市场规模较大，但带来的实际收益与资源消耗相比效果并不显著，也在一定程度上间接阻碍了第三产业的发展壮大。

随着改革开放的推进，东北地区加快产业结构调整，使得第三产业获得一定发展空间，规模不断壮大。截至 2018 年，东北地区第三产业总值占总产值的 53%，但是重工业对产业结构优化升级的副作用仍然存在。产业结构优化升级和经济发展的进步，使得东北地区重工业发展有所衰退，但是重工业在区域产业结构发展中仍占有很大比例，传统工业为主的产业结构并未得到根本改变。从历年数据来看，东北地区重工业比重下降显著，其中吉林、黑龙江省重工业比例下降尤为显著。从 2016 年数据来看，吉林、黑龙江省重工业比重分别从 78.5% 和 82.7% 下降到 66.0% 和 57.3%。而辽宁省重工业比重则呈现出先降后升的趋势，从 2014 年开始，重工业比重又开始增加，到 2016 年达到 83%，这也与辽宁省第二产业产值比重上升相一致。由此可以看出，虽然东北地区重工业呈现逐步衰退的趋势，但其重工业所占产业发展比重依旧超过一半，第二产业在产业结构中仍占据半壁江山。除此之外，东北地区重工业的生产主要集中于能源、化工和装备制造业，资金与资源的支撑使这些行业形成了较大的固定成本，造成了产业结构僵化难调的局面。

（五）区域产业布局不合理，存在产业趋同现象

产业结构趋同一般是经济发展过程中区域内或区域之间产业结构所呈

---

① 刘畅. 东北三省主要矿产资源接替战略研究 [D]. 长春：吉林大学，2009.

现出的某种共同倾向，主要指在主导产业选择、产业组织规模和技术水平等方面的雷同现象。[①]一方面，由于产业间存在的利润差较大，在产业一体化进程中各地都不愿意放弃高利润、高收益产业，从而导致产业同构化。另一方面，地方政府为完成政绩，在发展过程中存在冲动投资以及产业扩张安排的现象，导致重复建设，在一定程度上影响了区域内资源配置的效率，区域内产业分工不合理，从而产生产业同构现象。

东北地区在产业结构优化的过程中也逐渐出现了产业趋同现象。一方面，东北地区资源丰富，在早期发展中优先发展重工业，区域产业专业化程度较高。辽宁省依靠丰富的自然资源以及鞍山、本溪等钢铁基地和大连石油工业基地，产业发展主要集中于石油加工业、核燃料加工与炼焦行业、黑色金属矿采业、黑色金属冶炼等；吉林省则集中于交通运输设备制造业、化学原料与化学制品制造业以及医药制造业等方面，大力发展汽车制造业、农副产品加工以及能源工业；黑龙江省则依靠丰富的石油资源和农业资源，大力发展石油化工、装备制造业、食品加工业等。另一方面，东北地区专业化较强产业存在同构表象。例如，吉林省与黑龙江省存在的产业同类同构体现在医药制造业、饮料制造业以及农副食品加工业等方面；辽宁省与黑龙江省存在的产业同类同构体现在石油加工业、核燃料加工业、炼焦业以及通用设备制造业等方面。在黑龙江、吉林和辽宁三省当中，仅有辽宁省的石油加工、核燃料加工、炼焦以及黑龙江省的天然气与石油的开采工业在全国的份额在 10% 以上，其他产业所占比重均非常之低。

趋向专业化的产业生产使得区域产品竞争力增强，区域间产业一体化的合作基础得以形成。但是从整个东北地区来讲，东北地区产业发展主要是依靠资源禀赋发展相近产业，区域内存在生产要素竞争的局面，难以发

[①]李兴法,朱天星,李锦.基于多视角的我国东北三省工业产业结构趋同问题研究[J].工业技术经济，2016（05）.

挥自身产业优势，导致生产要素效益低下。东北地区各省都重视发展交通运输设备制造业和农副食品加工业，区域内部行业发展相似度高，内部产业竞争激烈。同时，在产品销售市场中因产业相同使得产品大同小异，加剧了销售市场上对市场占有率的争夺。为了保证市场占有率，三个省都不同程度地设置了市场壁垒，进一步加剧了三个省之间的经济摩擦，限制了东北区域一体化的发展。[①] 目前如何强化产业错位发展和要素互动，完善产业体系，延长产业链条，提升产业辐射力是当前东北区域经济一体化中亟待解决的难点问题。

三、东北区域产业一体化的发展优势

进入新时代，东北地区面临的国内外发展形势要求各省市区联系起来，推动区域经济合作和区域产业一体化发展。东北地区具有工业发展基础好、基础设施建设较为完善以及区位优势明显、地区文化差异较小、经济优势互补突出、产业链条完善等优势，在一定程度上助推东北区域产业一体化发展。

（一）区位优势明显，地区文化差异小

地理区位因素在一定程度上对区域产业一体化发展起到一定的限制作用，在地理位置上相邻越近的地区就越容易产生贸易关系，产业合作能力越强，并且在承接区域内部产业转移时具有优先权。一个完整、统一的自然地域单元，是区域经济一体化必须具备的地域条件。[②] 共同的地域空间是推进产业一体化中最为基本的载体和依托，并且在相邻的区域内开展经济联系可以加强对各类经济资源的合理配置和利用，建立区域协作组织也更加方便。由于东北地区的子区域间区位距离较近，使得它们可以共同分

---

① 李瑞红.基于区域经济一体化的东北三省产业结构研究 [D].南宁：广西师范学院，2010.

② 甄艳.东北区域市场一体化问题研究 [D].长春：东北师范大学，2011.

享本区域间的劳动力资源、基础设施资源等，促进生产要素的流动，并且可以节约运输成本。从规模较大的企业发展中我们可以看出，这类企业在推进合作过程中，率先依据地方政府的产业政策、资源禀赋条件、生产成本以及运输成本等因素，将企业的产业链布局到相邻区域之中，并通过这种方式实现跨城市的资源整合，从而达到推进产业一体化的目的。如若企业生产链进一步扩大到区位相对较远的地区，就会增加交通运输成本、通信成本等费用，当这些额外费用超过其带来的资源成本节约时，企业就不会选择更大范围内的产业一体化整合，最终也不能达到产业一体化的目的。从地理位置来说，东北地区各省区位置相连，地貌、气候等自然地理环境相似，形成了相对独立的自然区。并且东北地区位于东亚经济圈内的中心地带，其西北部与俄罗斯、蒙古接壤，东北部与朝鲜接壤，具有重大战略意义。

许多相同、相近、相互联系的诸多因素，使东北各省之间的经济内在联系紧密，经济关联性较强，为东北区域经济一体化的发展奠定了很好的基础。[①] 东北三省不仅在纬度、地貌、气候等自然环境方面相似，因其在地理位置上的相邻使得东北三省在文化方面也具有很强的同构性，发展历史相同，人才、资源、技术等互补性较强，为东北三省不同区域间合作创造了方便快捷的环境。

（二）经济互补优势突出，都市圈等城市形态促进区域产业合作升级

实现区域产业一体化的重要途径之一就是突出产业间的互补优势和渗透作用。推进区域内产业一体化发展不仅可以使区域内产业发展更充分，而且也增强了本区域产业在区外的产业竞争力。从产业布局可以看到，东北地区虽然存在产业同构现象，但也具有较强的互补性，这也为东北地区

---

① 张军扩，侯永志．协调区域发展——30 年区域政策与发展回顾 [M]．北京：中国社会科学出版社，2007：270．

进行产业一体化合作奠定了坚实的产业基础。从东北产业结构构成来看，截至 2018 年，辽宁第三产业比重占比达到 52.37%，在整个经济区城市中居于首位，而吉林省、黑龙江省的第二产业发展程度较高，区域间第二产业和第三产业间具有较强的互补性。从轻工业和重工业在区域间的具体分布可知，辽宁省作为东北发展最快的省份，在信息技术产业等方面已经具有政策和人力资源优势，而吉林省的重工业、黑龙江省的农业在全国也处于较高水平，区域间可通过自身优势实现产业间的优势互补，进而提高整个东北地区在全国的竞争力。

除此之外，城市群、城市新区等城市化空间形态的发育和发展，在一定程度上也促进了东北地区的资源与要素重组、新产业发展以及地区经济整合，城市化以及城市空间形态演变对于区域产业结构高级化、整合化等表现出越来越明显的反馈效应。①东北地区城市化发展对区域产业一体化起到一定的促进作用。东北地区城市多属于资源型城市，与普通城市的区域发展存在较大差异，因此东北的城市群建设多是以工业化城市为主体，周边小城镇依附其建立城市群，形成了辽中南、吉林中部和哈大齐等城市经济体，拥有城市群内部资源共享、结构协调发展等优势，为推进东北地区产业结构一体化提供了重要支撑，为东北产业结构升级和优化注入了新的活力。

（三）工业发展基础较好，特色产业相对突出

区域产业一体化过程中会表现出一定明显的特征，这个特征就是当该区域选择重点发展某种产业后，就会自然形成一种惯性力量，并不断强化形成路径依赖。因此，区域产业链形成的重要基础就是本地产业发展。区域产业要进行跨区合作必然要立足于本区域传统基础产业。中国依靠传统

---

①刘艳军，李诚固，王颖，张婧.东北地区产业结构演变城市化响应的空间效应[J].城市规划，2010（10）.

基础产业实现产业一体化发展的例子有很多，浙江温州以传统手工业为生存之本，在自身传统基础产业优势的基础上，形成了以特色小商品为核心的产业链条和产业集群。良好的产业基础是区域产业一体化的先决因素和条件。东北的工业体系在建国初期就已形成，依据当时的资源条件和国际环境，国家将东北列为经济建设重点地区，并在"一五"计划中予以倾斜，在全国重点工程项目156项中，东北地区就占了52项，加上原有的良好工业基础，使东北地区成为全国最大的、以重工业为主体的工业基地。在计划经济时期，国家对东北工业投资1005亿元，占全国投资的65%，东北在全国经济建设中发挥了重要的作用。改革开放以来，东北的工业企业达到5.92万个，工业产品也在全国占有很大比例，成为中国重要的钢铁、石化、机械、建材基地。改革开放以来，经济重心逐渐南移，东北地区经济发展下滑，但仍然具有较高发展水平，属于工业基础雄厚、交通等基础设施完善、城市化建设程度较高的地区。据20世纪90年代中期的统计资料显示，东北三省国内生产总值为2487.8亿元，在七大经济区中位居第五，人均工业总产值位居第二；农林牧渔业总产值为1545.47亿元，在七大经济区中位居第六，而人均产值位居第三。[①]

　　东北地区作为我国建立最早、内在联系最紧密、形态上最完整的经济区，早在"一五""二五"期间就形成了完整工业体系，经过几十年的发展，积累了丰厚的工业基础，形成了门类众多的工业体系，在中国经济建设中发挥着重要作用。

　　随着改革开放的持续推进，东北地区在特色产业上也形成了密切协作的分工格局。其中辽宁在钢铁、石油化工、有色冶炼等方面发展突出；吉林在交通运输、汽车制造以及农机制造等方面具有很大优势；黑龙江省则在煤炭、小麦等具有较大优势。

---

① 叶万军. 东北地区区域经济一体化研究 [D]. 长春：东北师范大学，2007.

（四）产业链条体系完善，部分工业配套能力相对较强

首先，东北地区作为我国经济较发达的地区同时也是我国重要的工业基地，经过多年的摸索发展，已经形成多个先进装备制造业基地，具有较高的产业集聚和辐射带动能力。东北在制造产业方面拥有雄厚的技术基础，同时装备制造业方面也在我国发展过程中作出巨大贡献，现在仍是东北重要的优势产业，交通运输、金属制品机械制造、电器设备等诸多行业也拥有极强的生产能力。从我国发展的整体状况来看，东北地区的生产规模和技术水平在经济发展中发挥重要作用。例如，辽宁省产出的机床占全国总量的 11%；吉林省生产的汽车数量占全国总量的 11.5%；黑龙江火电与水电设备产量占全国总量的 33% 与 50%；黑、吉、辽三省输变电设备生产总数占全国生产总量的 40% 以上。①

其次，东北地区劳动力市场较为健全。东北地区拥有大量与石油、钢铁、化工和煤炭有关的高等院校与科研院所，为东北老工业基地复兴与建设培养提供了非常多的专业人才。② 除此之外，还具有专业化水平较高、技术过硬的高素质产业人才队伍，对于推进产业一体化合作起到重要保障作用。

最后，立足于东北地区丰富的自然资源，已经建立起相对完善的工业体系，工业配套能力也相对较强，形成了更为集中的产业链条体系，现阶段已经形成以鞍钢为核心的钢铁工业体系、以大庆油田为核心的石化工业体系、以长春一汽为核心的汽车集中趋势以及以农副产品加工为核心的食品工业发展体系。③ 如，辽宁省拥有丰富的铁矿资源，并且具有发展钢铁工业的完整产业链条，拥有发展钢铁工业重要的基础优势，对于带动东北各区域相关产业的发展具有重要意义。大庆油田年产量丰富，为黑龙江和

---

① 高月媚. 东北地区产业集群与经济空间耦合机理研究 [D]. 长春：吉林大学，2019.
② 孙平军，丁四保，修春亮等. 东北地区"人口—经济—空间"城市化协调性研究 [J]. 地理科学，2012，32（04）：450-457.
③ 王颖，张婧，李诚固等. 东北地区城市规模分布演变及其空间特征 [J]. 经济地理，2011，31（01）：55-59.

吉林汽车产业、机械产业的发展提供了良好的能源基础。吉林以长春一汽为核心的汽车制造业也对东北地区配套产业发展起到良好的带动作用。

（五）交通、信息等基础设施相对完善，形成一体化的网络

各种生产要素在区域内的流动以及整个产品市场的建设都需要一定的设施作为其流动的基础，这类设施就是基础设施。各类生产要素的流动都离不开基础设施的完善。人才及产品的空间流动需要交通运输基础设施完善，网络信息、资金的运输则需要邮电通信等基础设施完善。互联互通、分工合作、管理协同的基础设施体系是增强一体化发展的支撑保障。近年来，东北地区交通运输基础设施建设逐步完善，已经形成了由铁路、公路、水运、民航和管道运输构成的区域交通体系。在铁路建设方面，东北经济区域内共有70余条干支线组成的庞大铁路网，是我国铁路网最发达的地区，以纵贯南北的哈大线为纵轴，以滨洲、滨绥线为横轴，组成了东北铁路网的"T"字形骨架，与"T"字形干线相配合则有"四纵四横"线路。[1] 在港口建设方面，形成了以大连、营口为中心，丹东、锦州为两翼的南部沿海港口群分布格局，总吞吐能力超过1亿吨，占我国全部海港吞吐总量的9.6%。[2] 在航空运输网建设方面，实现哈尔滨、长春、沈阳机场资源的合理运用，建立起较为完善的城市航空运输网。

信息资源的互通成为区域内产业合作发展的重要因素，区域内商情、经济信息以及其他公开信息等能做到畅通、透明，大大降低了产业合作的社会成本，形成共同市场，推进产业在区域内的合作发展。东北地区信息资源丰富，且都通过建立网络平台实现了较为现代化的信息传输系统，建立起覆盖整个东北地区的信息网络平台。东北地区相对完善的基础建设在一定程度上大大缩短了区域间交易时间，从而降低了产业合作的时间成本，

① 甄艳.东北区域市场一体化问题研究 [D]. 长春：东北师范大学，2011.
② 王荣成，张英.东北经济区综合运输通道建设与区域可持续发展研究 [J].经济地理，2002（10）：30.

提高了企业生产经营效率，也正是由于基础设施的完善才使得产业在区域间和区域内部的转移调整成为可能。

四、东北区域产业一体化的基本理路

推进东北区域产业一体化发展，就要着眼于整个区域全局，既要充分发挥各区域资源的禀赋优势，又可以实现区域间生产要素的自由流动，就是要打破原有的行政经济区划分格局，构造一个由市场机制主导的相互协调的区域产业发展模式。在推进东北区域产业一体化合作的过程中，要充分发挥政府和市场机制，加快完善产业一体化的外部环境；完善产业布局，优化产业结构，建立区域创新体系发展模式；建立产业分工体系，推动重点产业一体化。

（一）政府间加强交流促进合作，加快完善有利于产业一体化的政策环境

东北地区受计划经济体制的影响，政府对产业发展的直接干预较多，难以充分发挥市场调节的作用，阻碍了区域产业一体化发展。政府和市场机制作为推进区域产业一体化发展的重要角色，既要充分发挥市场调节的作用，又要加强政府宏观调控。东北各区域政府要积极转变职能，真正从观念上认识到自身的服务范围，有条理、有计划地对产业一体化发展进行干预，努力协调好与企业、资本间的联系，做好经济的主导者。尤其是政府在行使权力过程中，应与市场相互配合建立起完善的区域市场体系，为推进东北产业一体化发展营造良好的发展环境，为国营、民营企业等提供资金保障，尽力并实施有效的产业政策，激发企业活力。

第一，推进改革开放向纵深发展。各区域政府应加快推进地区改革开放的脚步，积极通过生产要素重组和产业优化转移，优化东北地区的产业结构，逐步形成沿海、沿边等产业链条。由于东北地区拥有与东北亚交界的区域优势，更应充分利用区域和人文优势，加强跨区域的经济技术合作，

在进出口以及产品配额等方面予以政策倾斜，打破各地区的市场分割。要在不影响国家产业政策实施的条件下，建立起区域产业协调机制，确定重点项目合作，定期召开联席会议，不断加强产业合作与协调，最大限度地发挥地区优势、避免恶性竞争，为实现东北老工业基地振兴、实现区域间经济和社会全面协调提供坚实的制度保障。

第二，激发国有企业发展活力。通过体制机制改革建立起完善的国有资本流通机制，始终坚持国有资本有所为有所不为和有进有退的原则，优化国有资本配置。推动国有资本更多地集中在国防、基础设计建设等关键性、战略性和基础性行业，而非一般竞争性行业，进一步提高国有资本的利用效率和社会效益。除此之外，还应积极探索国有经济的多种实现方式，既要放大国有资本的功能，增强国有资本的竞争力、影响力、控制力和带动力，又要稳步推进混合所有制的改制工作。区域内政府部门还应建立起完善的社会保障体系，进一步加大投入，有效解决计划经济遗留下来的企业债、职工安置和"企业办社会"等问题，以减轻企业负担，为企业实现制度、管理、技术创新等创造有利条件，为推进区域内产业一体化发展提供保障。

第三，建立并实施有效的产业政策。围绕振兴东北老工业基地的目标，建立健全区域产业发展的政策和合作政策，在明确的政策实施细则、完善的目标责任机制以及动态的支持制度等方面保障产业一体化政策的有效实施。在推进国有资本优化重组的同时，进一步放宽市场准入门槛，大力推进东北地区非公有制经济的发展，形成公有制经济与非公有制经济良性竞争、合作发展的良好局面。政府肩负着激发市场活力、完善市场体系的重要职能，这就要求政府既要做好简政放权、简化项目审批步骤等，将一般项目审批权交由地方政府，也要进一步健全商品市场，大力培育和发展土地、技术、信息、劳动力等生产要素市场，为产业结构调整、产业一体化发展提供良好的政策条件。

（二）优化产业布局，建立区域创新体系发展模式

在推进产业一体化过程中，完善的区域创新体系发展模式对于带动经济持续稳定发展具有重要意义。区域产业一体化布局呈现网络化、链条化，在发展过程中有着自组织的特点，政府对此应进行积极的引导。针对东北区域创新体系建构不完善的情况，需从实际情况出发，建立产业创新发展的区域环境，以此带动区域经济稳定发展。其优化方式主要体现在以下三个方面：

第一，建立良好的创新产业文化氛围，注重区域产业特色文化。在推进创新网络营销体系发展过程中，不能忽视区域特色，要将区域创新以及创新文化相结合，运用好知识对资源配置的发展带动。近年来，急功近利、成败论英雄以及小富即安等思想对东北区域内产业一体化持续推进产生了一定影响，导致创新文化缺失。东北地区在区域产业创新文化中，需要不断维持产业持续创新能力，在教育方面加强对人们的价值观引导，在创新思维方面使人们摆脱小富即安等思想，加强知识改变命运以及持续创新发展等理念的熏陶，要求人们在创新过程中不断开创创新思维，学习新技术、新工艺。只有建立起良好的产业文化氛围，才能不断实现创新，才可以带动产业集群发展，继而促进区域经济的可持续发展。

第二，建立政府、企业一体化发展的信任环境。信任是构建创新的基础，如果企业间信任缺失，必然会影响产业一体化的系统推进和稳定发展，在一定程度上也阻碍了区域创新意识和创新能力的进步。在东北地区产业集群及一体化发展过程中，政府与企业之间、企业与企业之间以及不同群体之间缺乏信任，为了加深东北地区产业合作与发展，需要建立完善的信任环境，以此推动产业一体化持续稳步推进。对此，政府要同企业间建立良好的信任关系，可以通过打造帮扶政策，为中小企业的发展提供资金扶持和政策引导，鼓励中小企业引进新技术、新工艺，在帮扶过程中提升与企业间的信任度；还可以加强法律法规建设，通过完善法律约束机制为企

业间合作提供保障，增强企业间互信合作，在相关法律法规完善的背景下，如果企业合作出现违约行为，将会面临严厉的惩罚，以此保证企业间的公平竞争，有利于企业增强合作信心和合作意愿；由于产业一体化过程中存在企业间的竞争，导致对合作信任度较低，政府作为引导性组织，可以加强对不同群体间的引导，通过企业间的战略交流及技术创新合作实现优势互补，提升企业自身的技术开发能力和创新改造能力，进而带动产业一体化链条的完善和发展，同时以此提高企业对一体化环境的信任能力，在各方面信任度提升的基础上，进一步推进区域经济持续健康发展。

第三，建立创新合作制度。制度创新是带动生产以及体制创新的重要保障，为区域经济活动创新奠定坚实的基础。东北地区在发展过程中，制度建设仍存在不完善的地方，对区域产业一体化及经济空间的发展产生一定影响。针对产业创新主体，政府要培育创业主体，调动各方面的积极性，鼓励和支持创业者打破传统束缚和限制，采取各种合规、有效的方式努力创业；要加大对种子期、初创期成长型小微企业的支持力度，培育壮大新生小微企业群体；充分利用已有的各类园区，打造中小企业创业创新基地，为创业主体获得生产经营场所提供便利。同时也该注意，政府在这种情况下要平衡好各方利益，对于低端企业，积极引荐创新能力强的中高端企业对其进行指导；对于创新型企业，政府可以通过降低税收、财政补贴等方式予以鼓励，使其增加创新意愿，以此来带动区域整体经济的发展。另外，政府可构建起区域产业一体化技术经验交流网络，通过技术交流研讨会等形式，将各区域产业组织起来，提升企业的积极性。总之，对于技术创新和产业发展而言，东北地区需要建立创新合作制度，以此推动产业一体化的稳步推进，进而促进区域经济的可持续发展。

（三）优化产业结构，壮大基础产业，打造新兴产业，培育未来产业

产业结构优化是提高产业发展层次、增加产业生产效益、跨越产业结构调整障碍、优化经济结构、提高区域经济实力的重要途径。东北地区作为我国重工业基础，通过调整国有经济布局、壮大基础产业、大力培育先进核心技术、积极打造新兴产业、大力发展高新技术企业、培育未来产业等方式对产业结构作出一系列调整，对于探索东北区域产业一体化发展路径具有重要意义。

第一，调整国有经济布局，促进非公有制经济发展，壮大基础产业。东北作为老工业基地，进行产业结构调整要与国有经济调整相结合，进行国有经济布局和所有制结构的重组。国有资本要向关系国计民生的重要行业、关键领域集中，向基础性、重要性的产业集中。一方面，针对东北国有经济的整体布局情况，对不同企业采取不同结构调整措施。对大型国有骨干企业采取保障政策，为其营造良好的市场经营环境，提高其竞争力；对一般竞争性领域采取退出政策，实现国有资本与民营资本的对接，优势互补；对各类非国有经济采取放开政策，消除企业发展的制度障碍，鼓励非公有制经济扩大经营规模、兴办高新技术产业，以此促进产业结构调整。另一方面，推动生产要素优化重组和传统产业改造。促进产业之间以及产业内部各企业合作，深入推进产业一体化，完善产业链条，提高市场抗风险能力；对自身技术水平不高、创新能力不强、市场潜力不大的企业进行兼并重组，以此促进生产要素集中于关键领域，提高生产要素的资源配置效率；加强传统产业的技术设备改造力度，通过更新生产技术装备提高劳动生产率及产品品质等，增强企业竞争力，进而带动相关产业发展，实现传统产业升级换代，达到优化产业结构的目的。

第二，大力培育先进核心技术，积极打造新兴产业，形成新的经济增长点。进入新时代，科技创新对于企业提高竞争力、产业结构优化升级的作用越来越明显。要大力推进实施创新驱动发展战略，建立完善的区域性创新政策和激励机制，通过技术创新、继承、吸收、再发展，持续推进产学研一体化进程。同时，要运用好竞争、利润、制度等多种途径手段调动企业技术创新的积极性，强化企业自主创新能力和产品开发能力，提高技术在产品附加值中的比重，打造区域产业的技术优势。

第三，大力发展高新技术产业，促进工业化和信息化有机融合，形成新的经济增长点。着力发展高新技术产业，将高新技术产业作为产业结构调整的重要战略取向，是东北推进产业一体化进程的重要选择。当前，以电子信息、生物技术、新材料等为主导的高新技术产业已逐步发展成熟，完全有条件、有能力在自我创新和传统产业改造中谋求进一步发展。对此，政府也应加大体制创新力度，为高新技术产业的发展提供保障，充分发挥好高科技产业对传统产业的渗透、传播和改造作用，带动传统产业升级。除此之外，工业化与信息化融合发展也成为东北产业发展的客观要求。随着信息在经济发展中价值的攀升，东北要在现有基础上坚持以信息化带动工业化，用现代信息技术带动传统工业升级，不断拓宽新的投资领域和空间，加快科技研究的步伐，鼓励和支持高新技术产业的转化力度，使科研优势转变为经济优势，为东北振兴提供坚实的基础。要实现这些目标，在新型工业化过程中，应积极拓展发展潜力较大的新技术，对研发和科技创新应予以高度重视，为产业结构优化升级提供持续动力。

（四）建立产业分工体系，推动重点产业一体化

东北产业一体化的深入发展离不开区域间的经济协作，通过经济协作，完善区域间产业分工体系、建立起竞争有序的市场体系，真正实现区域间生产要素、物流、资金、人才的流动，真正打破省际壁垒、整合区域资源，建立起东北区域产业合作框架，增强区域产业竞争力，实现一体化发展。

第一，重点发展服务业和战略型新兴产业。目前，东北三省的产业组织分散，难以在市场竞争中发挥规模优势和集体优势。因此，在今后的发展中更应强调在区域市场竞争的基础上进行广泛密切的经济合作，优势互补，鼓励企业通过联合、兼并等多种形式的合作方式，建立起完善的产业分工体系，尤其是推进服务业和战略性新兴产业等重点产业间的合作。要着眼于生产、生活性服务领域以及公共服务等事关国民经济健康发展的基础性领域，如金融、物流、信息技术、环境服务业等领域，为现代产业的发展提供基础性支持。加快发展包括新能源、生物制药等在内的战略性新兴产业，为现代产业的协调发展提供原创性支持，为推进区域产业一体化构建起坚实的平台。加快发展新一代信息产业，利用新技术提高资本利用率，将资本转化成高效生产力，为产业一体化发展奠定坚实的资本基础。

第二，提升区域自主创新能力。技术进步是推进产业一体化深入发展的重要途径，产业一体化发展离不开技术的进步和推动。只有增强区域内自主研发能力，掌握核心科学技术，才能逐步摆脱产业结构依靠外部技术引进的限制，才能进一步推进区域间产业协作。从政府层面来讲，加强东北地区自主创新能力就要处理好资金问题和人才问题。政府既要统筹运用好各类要素资源，整合各项创新要素，完善区域创新系统，推动构建起科研成果创新转化平台，又要加大对人才的培育力度，防止人才流失。从企业层面来讲，技术创新成果主要来自科技型企业集团、研究院以及高校等部门。企业作为技术创新的主体和主要受益者，要构建以企业为主体的创新机制，加强与各级各类重点实验室、制造业创新中心、工程研究中心、高校、科研院所等创新资源的合作，增强中小企业创新发展能力。

第三，推进循环经济，实现东北可持续发展。东北地区虽然自然资源丰富，但资源是有限的，在产业发展过程中，只有最大化地合理利用资源，才能获得尽可能大的经济效益，产业一体化发展才有可靠的物质基础。对此，要大力发展循环经济，推进清洁生产方式，合理利用清洁燃料，不仅要提高生产质量，还要降低经济活动等对生态环境的破坏，为产业结构改善提供良好的资源依托，让东北地区实现循环经济发展。

（五）积极吸收、借鉴发达地区产业一体化经验

不同地区有不同的发展模式，推进东北地区产业一体化发展要结合区域实际，选择并构建符合自身现实需求的发展模式，虽不能照抄照搬先进地区的发展模式，但要学会借鉴，在总结发达地区优秀经验的同时寻求最适合自己的产业一体化融合模式。

第一，从政府层面看，东北可吸收借鉴浙江、江苏、山东等区域产业一体化经验，结合自身优势，明确产业分工，合理安排产业一体化布局。政府要对产业发展全局进行统筹安排，明确优先发展什么产业，并对重点发展产业提供充分服务支撑。结合长三角以及珠三角城市群的发展模式，建立健全交通网络，统筹资金、信息、人才和技术等诸多资源，吸引投资，为产业一体化发展提供有力保障。同时，也要注重人才引进，加大人才培养的资金投入，引进区域科技人才，壮大东北人才资源库，为科技进步及产业发展提供坚实的后备力量。

第二，从企业层面看，企业作为产业一体化发展的主体，要加强产业间的联系，通过交流合作不断增强自身实力，做大做强。鼓励企业加大对科技创新的资金投入，加强与研究院、高校等合作创新，不断增强自身实力。

第三，从科技、资源、市场来看，东北区域产业一体化建设受到技术、资源、市场、经济实力等多方面因素影响。因此，在推进产业一体化过程中，要制定科学的产业调整策略，实现产业机制与市场机制的有机结合，最大限度地将现有的资源和技术优势转化为经济效益，保障产业一体化进程朝着健康有活力的方向发展。因此，东北产业一体化发展必须立足于科技、资源、市场及政府，制定优惠政策，引导多方力量，在实现自身发展的同时，积极参与区域内产业一体化合作，不断壮大自身力量。

随着改革开放的深入以及区域经济的融合发展，产业一体化已经成为东北经济发展的重要组成部分，通过资金、技术、人才等生产要素的流动互通，降低企业运营成本，同时在国家和区域的竞争中，通过产业集群，不断完善东北区域产业结构。东北作为"共和国的长子"，在产业一体化进程中有着良好的工业基础和人才基础，区位优势明显，产业链条完善，部分工业配套能力强，交通等基础设施完善，这些都为东北区域产业一体化推进奠定了基础，为实现东北老工业基地振兴提供了保障。但同时我们也该看到，东北在产业一体化进程中也面临诸多问题。比如，缺乏完整的产业协调机制、产业布局不完善、产业同构现象、区域产业融合度不高、内部关联度低等，推进东北产业一体化发展仍有很长的路要走。东北各省要冲破行政区域的限制，加强政府间的协调，在竞争中合作，在联合中发展，对内利用自身优势辐射带动区域产业创新发展，加强价值链的分工合作，实现区域产业合理布局，提升东北地区的对外竞争力；对外加强交流合作，吸引资金，并逐步建立起自身竞争优势，将东北区域产业发展同全国产业发展进行对照联系，为东北产业一体化发展开辟更广阔的空间。

|参考文献|

[1] 中共中央马克思恩格斯列宁斯大林著作编译局 . 马克思恩格斯选集：第二卷 [M]. 北京：人民出版社，1979.

[2] 中共中央马克思恩格斯列宁斯大林著作编译局 . 马克思恩格斯全集：第 23 卷 [M]. 北京：人民出版社，1972.

[3] 中共中央马克思恩格斯列宁斯大林著作编译局 . 马克思恩格斯全集：第 25 卷 [M]. 北京：人民出版社，1975.

[4] 中共中央马克思恩格斯列宁斯大林著作编译局 . 马克思恩格斯文集：第 46 卷 [M]. 北京：人民出版社，1979.

[5] 中共中央马克思恩格斯列宁斯大林著作编译局 . 列宁全集：第一卷 [M]. 北京：人民出版社，1975.

[6] 中共中央马克思恩格斯列宁斯大林著作编译局 . 邓小平文选：第三卷 [M]. 北京：人民出版社，1993.

[7] 中央文献研究室，中国外文局 . 习近平谈治国理政：第一卷 [M]. 北京：外文出版社，2014.

[8] 中央文献研究室，中国外文局 . 习近平谈治国理政：第二卷 [M]. 北京：外文出版社，2017.

[9] 中共中央文献研究室.改革开放三十年重要文献选编 [M].北京：中央文献出版社，2008.

[10] 中央文献研究室.十八大以来重要文献选编：中 [M].北京：中央文献出版社，2016.

[11] 中央文献研究室.十八大以来重要文献选编：下 [M].北京：中央文献出版社，2018.

[12] 习近平.决胜全面建成小康社会 夺取新时代中国特色社会主义伟大胜利 [M].北京：人民出版社，2017.

[13] 马林，曹阳.东北经济区区域协作论 [M].大连：东北财经大学出版社，2009.

[14] 董溯战.循环经济促进法中的政府责任研究 [M].上海：立信会计出版社，2010.

[15] 何尧军，等.循环经济理论与实践 [M].北京：科学出版社，2009.

[16] 张季风.日本经济概论 [M].北京：中国社会科学出版社，2009.

[17] 吉尔伯特·菲特，吉姆·里斯.美国经济史 [M].沈阳：辽宁人民出版社，1981.

[18] 陈计旺.地域分工与区域经济协调发展 [M].北京：经济管理出版社，2000.

[19] 张文忠.经济区位论 [M].北京：科学出版社，2000.

[20] 萧浩辉.决策科学辞典 [M].北京：人民出版社，1995.

[21] 李仁贵.增长极理论的形成与演进评述 [G]// 顾海良，颜鹏飞，等.经济思想史评论（第一辑）.北京：经济科学出版社，2006.

[22] 王珺.城市群空间结构优化理论与实践——武汉城市圈发展探究 [M].北京：化学工业出版社，2004.

[23]H.哈肯.高等协同学 [M].北京：科学出版社，1989.

[24] 周一星 . 城市地理学 [M]. 北京：商务印书馆，1995.

[25] 张虹，韩云虹，曲赜胜，李宏英 . 东北老工业基地经济与社会可持续发展研究 [M]. 北京：经济科学出版社，2011.

[26] 张召堂 . 中国首都圈发展研究 [M]. 北京：北京大学出版社，2005.

[27] 张京祥 . 城镇群体空间组合 [M]. 南京：东南大学出版社，2000.

[28] 邹军，王学锋等 . 都市圈规划 [M]. 北京：中国建筑工业出版社，2005.

[29] 胡彬 . 长三角城市集群：网络化组织的多重动因与治理模式 [M]. 上海：上海财经大学出版社，2011.

[30] 戈银庆 . 中西部区域经济整合与区域经济发展问题研究 [M]. 北京：人民出版社，2008.

[31] 徐盛华，章征文 . 新编国际贸易学 [M]. 北京：清华大学出版社，2006.

[32] 江泽民 . 全面建设小康社会，开创中国特色社会主义事业新局面——在中国共产党第十六次全国代表大会上的报告 [J]. 求是，2002（22）：3-19.

[33] 许鹏，雷丙辉 . 试论区域经济与产业发展 [J]. 中国商论，2021（01）：174-175.

[34] 许培源，罗琴秀 . "一带一路"自由贸易区网络构建及其经济效应模拟 [J]. 国际经贸探索，2020（12）：4-19.

[35] 郭利田 . 高铁建设的区域经济一体化效应研究——基于点轴理论的分析 [J]. 经济界，2020（05）：61-65.

[36] 韦伟 . 长三角高质量一体化发展若干议题的理论思考 [J]. 区域经济评论，2019（06）：18-22.

[37] 曹小曙 . 粤港澳大湾区区域经济一体化的理论与实践进展 [J]. 上海

交通大学学报 (哲学社会科学版)，2019（05）：120–130.

[38] 高伦，陆岷峰 . 基于合作博弈理论下区域经济一体化发展研究——以长三角区域经济发展为例 [J]. 北京财贸职业学院学报，2019（05）：10–17.

[39] 赵亮 . 关税同盟理论的经济效应及引致作用探究 [J]. 江西广播电视大学学报，2019（02）：58–64.

[40] 谢来辉 ."一带一路"的理论本质是经济一体化[J]. 辽宁大学学报 (哲学社会科学版)，2019（01）：153–162.

[41] 吴世韶 . 地缘政治经济学：次区域经济合作理论辨析 [J]. 广西师范大学学报 (哲学社会科学版)，2016（03）：61–68.

[42] 王小明，王蕾，杨宏恩 . 区域经济一体化的经济增长效应基于欧盟的理论与实证研究 [J]. 商业经济研究，2016（07）：113–115.

[43] 孙久文 . 区域经济一体化：理论、意义与"十三五"时期发展思路 [J]. 区域经济评论，2015（06）：8–10.

[44] 金丹 . 区域经济一体化的理论框架研究 [J]. 西部经济管理论坛，2014（03）：75–82.

[45] 和燕杰 . 发展中国家区域经济一体化理论综述 [J]. 现代营销（学苑版），2013（12）：4.

[46] 苏永乐，陈鹏 . 城市圈发展对区域经济一体化影响的实证分析——以长三角城市圈为例 [J]. 西安财经学院学报，2013（03）：65–69.

[47] 茶洪旺 . 区域竞争与合作的经济学新视角解读 [J]. 区域经济评论，2013（02）：43–44.

[48] 宋兰旗 . 亚太区域经济一体化的进程与影响因素 [J]. 经济纵横，2012（12）：87–89.

[49] 邓炜 . 深度一体化的产业区位效应——基于新经济地理模型的理

论框架 [J]. 首都经济贸易大学学报，2012（14）：73-81.

[50] 周毅，李京文. 区域经济发展理论演化及其启示 [J]. 经济学家，2012（03）：14-19.

[51] 徐阳，郝大鹏. 关于区域经济发展三大理论的探究 [J]. 中国经贸导刊，2012（01）：71-72.

[52] 陈开胜. 区域经济一体化的战略合作理论研究 [J]. 改革与开放，2011（24）：102-104.

[53] 徐寅生. 以点轴模式促进长吉一体化发展[J]. 长白学刊，2011（05）：113-115.

[54] 刘普，李雪松. 外部性、区域关联效应与区域协调机制 [J]. 经济学动态，2009（03）：68-71.

[55] 陆军，毛文峰. 城市网络外部性的崛起：区域经济高质量一体化发展的新机制 [J]. 经济学家，2020（12）：62-70.

[56] 董萌筱. 山东自贸区烟台自贸片区发展策略分析——区域经济一体化视角 [J]. 现代商贸工业，2020，41（36）：22-24.

[57] 刘璐. 东北三省产业结构演变特征及其影响研究 [J]. 经济视角，2019（03）：7-14.

[58] 甄艳，刘力臻. 东北区域经济一体化初探 [J]. 当代经济研究，2006（04）：40-43.

[59] 付博文. "一带一路"倡议推动区域经济一体化 [J]. 国际公关，2020（09）：295-296.

[60] 韩杰. 经济全球化与区域经济一体化的关系[J]. 现代营销（下旬刊），2020（06）：11-12.

[61] 夏红梅. 高校科技服务区域经济一体化发展策略研究——以长三角地区为例 [J]. 江苏科技信息，2020，37（10）：1-4.

[62] 李彩霞 . 区域经济一体化建设中地方政府合作研究综述 [J]. 农村经济与科技，2020，31（05）：227-229，357.

[63] 胡毅翔 . 国际区域经济一体化的原因、发展及未来前景 [J]. 现代商业，2020（08）：68-69.

[64] 李玲 . 区域一体化战略下长三角区域经济差异与空间格局分析 [J]. 商业经济研究，2020（02）：159-162.

[65] 罗睿 . 区域经济一体化发展现状及完善策略探究 [J]. 中国商论，2020（01）：190-191.

[66] 宋冬林，齐文浩 . 东北区域经济一体化演变的社会网络分析 [J]. 吉林大学社会科学学报，2018，58（04）：97-107，206.

[67] 王迎 . 东北亚区域经济一体化趋势下的东北振兴 [J]. 黑龙江对外经贸，2010（11）：67-69.

[68] 常丽 . 东北区域经济一体化的路径选择 [J]. 商场现代化，2009（15）：144-145.

[69] 董亚红 . 对东北区域经济一体化问题的探讨 [J]. 中国科技信息，2008（04）：172-173.

[70] 李向平 . 东北区域经济一体化的路径依赖 [J]. 社会科学辑刊，2007（04）：100-107.

[71] 张可云 . 雄安新区城市发展、空间作用演化与冀中南地区协同 [J]. 河北学刊，2020（06）：139-146.

[72] 张海军，岳华 . 金融开放的区域经济协调发展效应——以长江三角洲城市群为例 [J]. 会计与经济研究，2019，33（04）：110-126.

[73] 阮杰儿，陈颖彪，千庆兰，杨智威 . 高铁影响下的珠江三角洲城市群经济空间格局的多维度分析 [J]. 地球信息科学学报，2020，22（05）：1023-1032.

[74] 陆大道. 关于珠江三角洲大城市群与泛珠三角经济合作区的发展问题 [J]. 经济地理，2017，37（04）：1-4.

[75] 宋振平. 区域经济一体化研究对策 [J]. 赤峰学院学报，2013，29（9）：80-81.

[76] 张海军，张志明. 金融开放、产业结构升级与经济一体化发展——基于长三角城市群的实证研究 [J]. 经济问题探索，2020（05）：122-133.

[77] 马仁锋. 长江三角洲区域一体化政策供给及反思 [J]. 学术论坛，2019，42（05）：114-123.

[78] 国家，李橙. 论珠江三角洲经济要素优化对空间结构的影响 [J]. 商业经济研究，2018（16）：156-160.

[79] 吴俊，杨青. 长三角扩容与经济一体化边界效应研究 [J]. 当代财经，2015，36（07）：86-97.

[80] 李雪宋，张雨迪，孙博文. 区域一体化促进了经济增长效率吗——基于长江经济带的实证分析 [J]. 中国人口. 资源与环境，2017（01）：10-19.

[81] 东彦梅，朱英明. 高铁建设能否重塑中国的经济空间布局——基于就业、工资和经济增长的区域异质性视角 [J]. 中国工业经济，2016，33（10）：92-108.

[82] 杨春华，吴晋峰等. 铁路通达性变化对区域旅游业的影响——以京津冀、长三角地区对比为例 [J]. 经济地理，2018，38（02）：188-196.

[83] 韩冬. 城市群视角下中心城市经济辐射性质和强度研究——基于京津冀与长三角的比较分析 [J]. 城市发展研究，2020，27（12）：12-16.

[84] 王俊，孙睿. 京津冀都市圈区域物流对区域经济发展的影响 [J]. 商业经济研究，2019（24）：84-87.

[85] 唐亚林."都带融合发展战略"：新时代长江三角洲区域一体化的

战略选择 [J]. 南京社会科学，2019（05）：85-94.

[86] 朱伯伦 ."大城小镇"协同发展影响因素与路径——基于浙江特色小镇建设的实证研究 [J]. 学术论坛，2018，41（01）：116-121.

[87] 司桂霞，徐长乐，秦可德 . 新形势下长三角区域经济转型升级的突破点与潜在增长点 [J]. 科技管理研究，2014，34（20）：65-69.

[88] 王双 . 国家自主创新示范区演进轨迹与展望 [J]. 改革，2017（05）：82-94.

[89] 蔡赤萌 . 粤港澳大湾区城市群建设的战略意义和现实挑战 [J]. 广东社会科学， 2017（04）：5-14，254.

[90] 陈欣新 . 粤港澳大湾区与"一国两制"新探索 [J]. 人民论坛，2019（10）：28-30.

[91] 宋冬林，齐文浩 . 东北区域经济一体化演变的社会网络分析 [J]. 吉林大学社会科学学报，2018，58（04）：97-107.

[92] 谭俊涛，张平宇 ."振兴东北"前后区域经济重心格局演变分析 [J]. 地理与地理信息科学，2013，29（06）：68-72.

[93] 廖敬文，张可云 . 区域经济复原力：国外研究及对中国老工业基地振兴的启示 [J]. 经济学家，2019（08）：48-61.

[94] 赵新宇，万宇佳 . 产业结构变迁与区域经济增长——基于东北地区 1994—2015 年城市数据的实证研究 [J]. 求是学刊，2018，45（06）：61-69.

[95] 李文哲 . 对当代日本经济发展的基本认识 [J]. 经济学动态，1992（10）：44-46.

[96] 平力群 . 日本经济变迁与首都圈规划更迭——以影响资源配置为视角 [J]. 日本学刊，2020（S1）：178-180.

[97] 王凯，周密 . 日本首都圈协同发展及对京津冀都市圈发展的启示 [J].

现代日本经济，2015（01）：68.

[98] 于潇宇，刘小鸽.新常态下中国产业政策的转型——日本工业化后期产业政策演变的经验启示 [J].现代经济探讨，2019（03）：108–115.

[99] 平力群.日本经济变迁与首都圈规划更迭——以影响资源配置为视角 [J].现代日本经济，2019（02）：13–25.

[100] 白秋菊，陈建.日本的能源消费、技术进步与经济增长关系的实证研究 [J].现代管理科学，2017（10）：18–20.

[101] 杨东亮，王羿钦.日本区域经济发展的集聚式收敛表现 [J].现代日本经济，2016（03）：14–25.

[102] 柳天恩，王素梅，周彬.辽宁沿海经济带发展新模式探析——美国东北沿海产业联动发展模式启示 [J].企业经济，2016（01）：128–132.

[103] 吴建南，郑烨，徐萌萌.创新驱动经济发展：美国四个城市的多案例研究 [J].科学学与科学技术管理，2015，36（09）：21–30.

[104] 刘瑞，伍琴.首都经济圈八大经济形态的比较与启示：伦敦、巴黎、东京、首尔与北京 [J].经济理论与经济管理，2015（01）：79–94.

[105] 刘玲.大纽约城市经济发展对我国大都市经济规划的启示 [J].经济问题，2013（06）：125–129.

[106] 舒慧琴，石小法.东京都市圈轨道交通系统对城市空间结构发展的影响 [J].国际城市规划，2008（03）：105–109.

[107] 高汝熹，李志能，朱名宏，郁义鸿.都市中心经济聚集的边界——东京都心三区高度聚集经济的负效应分析 [J].世界经济文汇，1996（06）：41–45.

[108] 胡宝哲.经济高速发展期城市结构形态及其变容——东京都中心地城市构造试析 [J].世界建筑，1994（01）：58–62.

[109] 江小国，刘凤芸.供给侧改革与经济增长：理论阐释、稳态预测

及国外经验 [J]. 当代经济管理，2017，39（05）：7–11.

[110] 应贵，娄世艳. 东京都市圈人口变迁、产业布局与结构调整 [J]. 现代日本经济，2018（03）：27–37.

[111] 向蕾，叶霞飞，蒋叶. 东京都市圈轨道交通直通运营模式的分析与启示 [J]. 城市轨道交通研究，2018，21（03）：93–97.

[112] 爱德华·H. 齐格勒，李心彤，李宗兵. 美国城市、汽车及区域交通规划：寻求 21 世纪可持续发展 [J]. 国际城市规划，2012，27（04）：89–94.

[113] 邢程程，王英明. 供给侧改革背景下东北地区创新发展的法治路径 [J]. 党政干部学刊，2020（02）：35–39.

[114] 吴依繁，李月. 关于"一带一路"背景下中国东北地区经济模式创新的对策研究——以辽宁省辽阳市为例 [J]. 商场现代化，2019（24）：140–141.

[115] 刘秀玲，谢富纪，王海花. 政策组合视角下的区域创新政策分析——以东北地区为例 [J]. 软科学，2019，33（04）：6–10，15.

[116] 柳国娜. 东北地区高技术产业技术创新效率及其影响因素研究 [D]. 长春：东北林业大学，2019.

[117] 李伟伟，易平涛，刘军，晶晶. 兼顾双重发展态势的东北地区创新能力评价 [J]. 东北大学学报（自然科学版），2019，40（02）：290–294.

[118] 马艳艳，郭金，张凯琳. 基于全局主成分分析法的东北地区区域创新能力评价研究 [J]. 科学与管理，2018，38（06）：18–26.

[119] 吴慧，顾晓敏，赵袁军. 长三角区域产业协同创新一体化的社会网络研究 [J]. 华东经济管理，2021，35（01）：16–23.

[120] 张颖，骆雯雯. 科技创新下长三角区域一体化协作发展研究——基于演化博弈模型的路径分析 [J]. 科技管理研究，2020，40（14）：107–

115.

[121] 张晖明. 以创新行动落实区域一体化发展战略 [J]. 人民论坛·学术前沿，2019（13）：50-54.

[122] 王淑英，常乐. 创新投入、政府支持与区域创新——基于创新价值链的视角 [J]. 科技管理研究，2020，40（12）：46-54.

[123] 斯雪明，刘晓蕾，王飞跃，杨东，张述存. 区块链与区域创新发展 [J]. 区域经济评论，2020（03）：1-13.

[124] 陈洪玮，王欢欢. 创新平台发展对区域创新能力的溢出效应研究 [J]. 科学学与科学技术管理，2020，41（03）：32-46.

[125] 刘秀玲，谢富纪，王海花. 政策组合视角下的区域创新政策分析——以东北地区为例 [J]. 软科学，2019，33（04）：6-10，15.

[126] 樊霞，陈娅，贾建林. 区域创新政策协同——基于长三角与珠三角的比较研究 [J]. 软科学，2019，33（03）：70-74，105.

[127] 邱海洋. 共享能力对区域创新效率影响的实证检验 [J]. 统计与决策，2019，35（04）：105-108.

[128] 任庆鹏，张辉. 全要素区域创新网络视角下老工业基地产业升级路径研究 [J]. 中州学刊，2019（02）：25-31.

[129] 田增瑞，田颖，吴晓隽. 科技孵化产业协同发展对区域创新的溢出效应 [J]. 科学学研究，2019，37（01）：57-69.

[130] 李玲，陶厚永. 包容性创新环境对区域创新绩效的影响 [J]. 科技进步与对策，2018，35（19）：31-37.

[131] 王志钢. 振兴东北，国有经济要尽主导之责 [J]. 人民论坛，2015（24）：32-33.

[132] 骆大进. 建设区域创新体系 打造高水平"创新极" [J]. 中国科技论坛，2018（09）：7-8.

[133] 周迪，钟绍军.创新价值链视角下区域创新水平分布动态及链间影响[J].中国科技论坛，2018（06）：110–120.

[134] 朱军.单一制国家财政联邦制的"中央—地方"财政关系[J].财经研究，2012，38（06）：134–144.

[135] 陈强，颜婷，刘笑.科技创新人力资源集聚对区域创新能力的影响[J].同济大学学报(自然科学版)，2017，45（11）：1722–1730（13）：50–54.

[136] 曾建丽，刘兵，梁林.科技人才集聚与区域创新环境共生演化及仿真研究[J].软科学，2020，34（07）：14–21.

[137] 苏屹，闫玥涵.国家创新政策与区域创新系统的跨层次研究[J].科研管理，2020，41（12）：160–170.

[138] 宋美喆，刘寒波.公共服务供给对区域创新要素的影响[J].统计与决策，2020，36（17）：176–180.

[139] 李华军.区域创新驱动与经济高质量发展的关系及协同效应——以广东省为例[J].科技管理研究，2020，40（15）：104–111.

[140] 赵黎明，张莉.京津冀产业一体化动力基础研究[J].天津师范大学学报（社会科学版），2011（06）：11–16.

[141] 崔大树.长江三角洲地区高新技术产业一体化发展研究[J].中国工业经济，2003（03）：64–71.

[142] 朱英明.长三角城市群产业一体化发展研究——城际战略产业链的视角[J].产业经济研究，2007（06）：48–57.

[143] 孙喜.纵向一体化在中国产业升级中的作用研究[J].科学学研究，2020（11）：37–48.

[144] 张海军，张志明.金融开放，产业结构升级与经济一体化发展——基于长三角城市群的实证研究[J].经济问题探索，2020（05）：126–137.

[145] 袁茜，吴利华，张平 . 长江经济带一体化发展与高技术产业研发效率 [J]. 数量经济技术经济研究，2019（04）：46-61.

[146] 郭新茹，陈天宇 . 长三角文化市场区域合作与一体化路径研究 [J]. 江苏社会科学，2020（02）：80-88.

[147] 陈喜强，邓丽 . 政府主导区域一体化战略带动了经济高质量发展吗 ?——基于产业结构优化视角的考察 [J]. 江西财经大学学报，2019（01）：45-56.

[148] 黄言，宗会明，杜瑜，易峥 . 交通网络建设与成渝城市群一体化发展——基于交通设施网络和需求网络的分析 [J]. 长江流域资源与环境，2020（10）：47-57.

[149] 侯鹏，孟宪生 . 新时代我国区域经济一体化的空间战略 [J]. 甘肃社会科学，2019（02）：196-203.

[150] 余东华，张昆 . 要素市场分割、产业结构趋同与制造业高级化 [J]. 经济与管理研究，2020（01）：36-47.

[151] 汤吉军，戚振宇 . 新时代深化改革推动东北地区经济高质量发展——加快东北老工业基地全面振兴高端论坛综述 [J]. 中国工业经济，2019（03）：3-4.

[152] 王林辉，赵星 . 要素空间流动，异质性产业集聚类型与区域经济增长——基于长三角和东北地区的分析 [J]. 学习与探索，2020（01）：116-122.

[153] 江孝君，杨青山，刘杰 . 东北三省区域经济差异的多尺度与多机制研究 [J]. 地理科学，2020（03）：52-61.

[154] 田俊峰，王彬燕，王士君 . 中国东北地区数字经济发展空间分异及成因 [J]. 地域研究与开发，2019（06）：18-23.

[155] 徐江，董保宝 . 民营企业创建与东北区域经济发展研究 [J]. 技术

经济与管理研究，2019（01）：105-109.

[156]赵儒煜，肖茜文.东北地区现代产业体系建设与全面振兴[J].经济纵横，2019（09）：35-51.

[157]邵丽，嵇振华，崔霞.东北地区人口问题和经济增长的空间计量分析[J].数理统计与管理，2020（04）：571-583.

[158]周佰成，迟雪丹，王晗.货币政策、产业结构升级与区域经济增长[J].东北师大学报（哲学社会科学版），2020（03）：56-69.

[159]尚运生.税收因素对我国引进外资影响的实证分析——基于各经济区域统计数据[J].税务研究，2019（04）：92-97.

[160]甄艳，刘力臻.东北区域经济一体化初探[J].当代经济研究，2006（04）：40-43.

[161]李春禄.政府合作对东北地区经济发展的作用[J].民营科技，2010（01）：106-106.

[162]高国力，黄征学，滕飞.东北地区城市群发展研究[J].宏观经济研究，2017（07）：56-67.

[163]徐充.东北地区集群经济的发展障碍与对策选择[J].学术交流，2008（07）：92-96.

[164]习近平.决胜全面建成小康社会夺取新时代中国特色社会主义伟大胜利——在中国共产党第十九次全国代表大会上的报告[N].人民日报，2017-10-28.

[165]中国共产党第十九届中央委员会第五次全体会议公报[J].中国人大，2020（21）：6-8.

[166]曹洪滔，刘海军.以区域协调发展融入国内国际双循环[N].辽宁日报，2020-10-27（005）.

[167]唐亦.东北亚区域经济一体化发展趋势与实现途径[J].现代经济

信息，2019（22）：472.

[168] 张辉 . 长江三角洲与珠江三角洲经验对区域经济发展的启示 [A].
中国经济改革研究基金会 .

[169] 高扬 . 关于京津冀区域经济一体化的若干问题 [A]. 河北省廊坊市
应用经济学会 .

[170]许成钢 . 中国改革、发展和重大社会经济问题的制度基础 [R].2012
年第十五届孙冶方经济奖获奖论文 .

[171] 中国经济改革研究基金会 2005 年研究课题汇编 [C]. 中国经济改
革研究基金会，2006：105.

[172] 对接京津——环绕首都资源配置论文集 [C]. 河北省廊坊市应用经
济学会，2019：10.

[173] 黑龙江省长亮农产品"家底"：产量全国第一，精深加工还不足
[EB/OL].https：//baijiahao.baidu.com/s?id=1643902544824955886&wfr=spider&
for=pc，2019–09–06.

[174] 2018 年 蒙 东 地 区 经 济 稳 定 好 转 [EB/OL].https：//baijiahao.
baidu.com/s?id=1626441708661047612&wfr=spider&for=pc，2019–02–26.

｜后　记｜

改革开放四十多年来，中国经济经历了持续高速增长后开始放缓，区域经济发展格局逐步由沿海地区高度聚集向各地区均衡发展演化。要想提升我国经济整体的竞争力，必须统筹好区域经济的协调发展。东北地区作为我国重要的老工业基地，要真正担当起中国经济第四增长极的重任。推进东北区域经济各个分区以及整个东北地区与全国其他地区之间实现协调发展的关键环节，自然是依据市场经济中资源优化配置原理而逐步推进的区域经济一体化。

东北地区是我国重要的工业基地，有一大批经济实力雄厚、管理经验丰富、有市场潜力的企业。在东北老工业基地振兴过程中，通过多种形式把它们科学地整合起来，优势互补，提高区域内产业的专业化分工和合作水平，调整和优化产业组织结构，形成一大批跨地区、跨行业的大型企业集团，这就为东北实现区域经济一体化奠定了基础。

另外，东北区域内各重要管理部门相互协调和联合，制定统一的法规和政策，消除地方性、歧视性的政策，推动了商品、资本、技术、信息等生产要素跨地区、跨行业有序流动，使区域内的市场体系进一步完善。同时，完善的区域市场体系又为市场机制的形成和资源的优化配置提供了巨大的空间。东北地区的产业结构形式非常近似，以重工业为主、轻纺等工业为辅的是东北经济区的主要经济结构，在此基础上形成区域经济一体化，有助于加大三个省份之间的产业协调，形成产业一体化的产业架构。东北区域经济整合和一体化，必将使市场主体日益健全，使市场体系和市场机制更加完善，有利于提高东北人民生活水平，减轻老工业基地包袱，增加就业，促进东北地区的经济发展和社会和谐。

本书梳理了国内外有关区域经济一体化的相关研究及理论框架，阐述了东北区域经济一体化发展现状，介绍了域外都市圈、城市群建设的经验、规律及启示，对东北区域经济一体化的进展及其战略选择进行了系统的分析。一方面，明确了东北区域经济一体化发展的迫切性、存在的问题、问题产生的原因以及如何抓住关键环节解决问题，对于加快东北区域经济一体化的进程具有重要意义；另一方面，通过对东北区域经济一体化进程中地方政府经济行为协调机制的研究以及我国国内区域经济一体化的经验规律进行探索，不仅对东北区域经济一体化具有直接的指导意义，对于全国其他地区也具有借鉴意义。

总之，东北区域经济一体化是一项复杂的系统工程，需要政府、企业等多方的高度重视，需要方方面面的努力与配合，而对东北区域经济一体化展开研究也是一项长期与艰巨的任务，任重而道远，需要我们在今后的学习中做进一步的研究和探索。

在本书撰写过程中，东北大学马克思主义学院郝婧、杜文双、林常青、石云格、王惠萍、左海纬同学在书稿资料的收集和整理中做了大量的基础性工作，付出了辛勤的劳动。其中，郝婧参与了第一章、第二章的撰写，杜文双参与了第三章、第四章的撰写，林常青参与了第五章的撰写，石云格参与了第六章的撰写，王惠萍参与了第七章的撰写，左海纬参与了第八章的撰写，他们踏实认真、积极进取的学习态度和创新意识为本书的写作作出了重要贡献，在此，特致以衷心感谢！

　　另外，还要感谢万卷出版公司的各位老师在本书出版工作中所付出的辛勤劳动。

　　学术水平所限，本书难免有偏颇不足之处，恳请各界专家和学者同仁批评指正。

曹洪滔　张超

2021 年 4 月 22 日